Melanie Bettner

D1735466

Mathematikunterricht ohne sprachliche Hürden 5/6

Karteikarten mit Wortspeicher und
Formulierungshilfen sowie
Kopiervorlagen zur Erarbeitung

Quellenverzeichnis:

S. 47: Fotos © Auer Verlag

Gedruckt auf umweltbewusst gefertigtem, chlorfrei gebleichtem und alterungsbeständigem Papier.

1. Auflage 2019
© 2019 Auer Verlag, Augsburg
AAP Lehrerfachverlage GmbH
Alle Rechte vorbehalten.

Umschlagfoto: Istockphoto: Springendes Mädchen, Stock-Fotografie-ID: 182752951, Bildnachweis: Jaroon
Illustrationen: Steffen Jähde
Satz: Typographie & Computer, Krefeld
Druck und Bindung: Himmer GmbH, Augsburg
ISBN 978-3-403-**08296**-5

www.auer-verlag.de

Inhaltsverzeichnis

Vorwort

Mathematik und Sprache

Mathematik und Sprache haben für viele Menschen auf den ersten Blick wenig miteinander zu tun – ein Irrtum! Denn **sprachliche Durchdringung und Verstehen** hängen immer zusammen. Im Fach Mathematik geht es – genau wie in vielen anderen Fächern auch – um Verstehensprozesse, um ein sprachliches Aushandeln von Begriffen und ein gegenseitiges Erklären und Veranschaulichen von Ideen.

Mathematisches Argumentieren, Problemlösen, Modellieren und Darstellen sind in allen Phasen des Lernprozesses auf den sprachlichen Ausdruck angewiesen. Daher wurde das „**Kommunizieren**" als eigener Kompetenzbereich in die Bildungsstandards Mathematik aufgenommen. Darunter fallen das verstehende Lesen und Hören, das Sprechen und Schreiben über Mathematik sowie das Präsentieren.

Die Schüler[1] sollen also erklären, beschreiben, argumentieren usw., weil dies das mathematische Denken vertieft. Seit einigen Jahren stellen wir jedoch zunehmend fest, dass viele Lernende dazu **nicht die nötigen sprachlichen Voraussetzungen** mitbringen, weil ihnen der Wortschatz fehlt oder sie nur die simpelsten Sätze bilden. Es wird immer deutlicher, dass die Sprache im Mathematikunterricht ein wichtiger Lerngegenstand sein muss. Dies gilt sowohl für Lernende mit deutscher Muttersprache als auch für Lernende mit anderen Herkunftssprachen. Dass oft auch Muttersprachler über nicht ausreichende Sprachkompetenzen verfügen, liegt an der **Kluft zwischen Alltagssprache und Unterrichtssprache/Bildungssprache**.

Gerade das **Einfordern anspruchsvoller Sprachhandlungen** wie Erklären und Argumentieren ist eine Schlüsselaufgabe der Lehrkräfte im sprachsensiblen Unterricht. Zur Umsetzung brauchen die Lernenden dann ggf. **Unterstützung hinsichtlich der notwendigen Sprachmittel** auf Wort- und Satzebene.

Und genau an dieser Stelle setzt das Buch an! Wesentliche Inhalte der Klassen 5 und 6 des Mathematikunterrichts werden dargelegt und Anlässe zur Verbesserung der Sprechkompetenz der Schüler werden geschaffen. Das Buch bietet Sprachgerüste mit dazugehörigen Übungen zur Verbesserung der (Fach-)Sprachkompetenz. Diese wurden alle in der Unterrichtspraxis bereits erprobt und haben durchweg eine Verbesserung der erwähnten Kompetenz aufgezeigt.

Der Aufbau der Veröffentlichung

Zu zahlreichen – aber nicht allen – Unterthemen der Klassen 5 und 6 wird immer ein Dreiklang angeboten:

1. Wortspeicher
   Hier werden die für den Lerngegenstand **wesentlichen Fachbegriffe aufgeführt und veranschaulicht**.

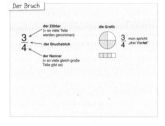

---

[1] Aufgrund der besseren Lesbarkeit ist in diesem Buch mit Schüler auch immer Schülerin gemeint, ebenso verhält es sich mit Lehrer und Lehrerin etc.

Melanie Bettner: Mathematikunterricht ohne sprachliche Hürden 5/6

2. Formulierungshilfen

Damit die Schüler den Wortspeicher sprachlich umsetzen können, bekommen sie auf einer Extra-Karte Formulierungshilfen (**„So kann ich es sagen:"**) angeboten.

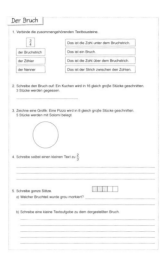

3. Aufgabenseite

Schülergerechte, abwechslungsreiche Übungen helfen dabei, die (Fach-)Sprachkompetenz der Schüler weiter zu verbessern. Dabei werden **zahlreiche Möglichkeiten** eröffnet, um die **Sprache auf unterschiedlichen Ebenen** anzubieten.

Diese Aufgaben stellen also ein Übungsfeld zum **Anwenden der jeweiligen Fachbegriffe** und damit verbunden der **Beschreibung** von mathematischen Objekten, Rechenalgorithmen, Vorgehensweisen und Denkprozessen dar.

Die **Lösungen** finden Sie am Ende des Bandes ab Seite 68.

Umsetzungsideen im Unterricht

- Hängen Sie die **Wortspeicherkarte und die Formulierungshilfen** gut sichtbar auf einem **Plakat** oder an der **Tafel** auf. Es empfiehlt sich, die Infokarte zur besseren visuellen Darstellung zu vergrößern. Weitere Begriffe und Vorschläge der Schüler können ergänzt werden, damit der Wortspeicher und die Formulierungshilfen weiter anwachsen und individueller werden.

- Beim Bearbeiten der Arbeitsblätter sollten Sie Ihre Schüler immer wieder darauf hinweisen, die Inhalte der Wortspeicherkarte und die Formulierungshilfen als Unterstützung zu benutzen.

- Je nach Leistungsstärke Ihrer Lerngruppe können bei zahlreichen Aufgaben die Lösungen als Differenzierungsmaßnahme durcheinander von Ihnen angegeben werden (Tafel, Overheadprojektor, Beamer, Lösungsblatt, ...).

- Der Aufbau und die Anwendung eines Fachwortschatzes ist ein länger andauernder Prozess. Die vorliegenden Aufgaben zu bearbeiten, ist ein guter Anfang. Achten Sie darauf, Fachbegriffe **regelmäßig** im Unterricht zu benutzen und die korrekte Verwendung von Ihren Schülern einzufordern.

- Den Wortspeicher und die Formulierungshilfen – wie oben beschrieben – dauerhaft im Klassenzimmer aufzuhängen, ist eine tolle Gedächtnisstütze für den weiteren Unterricht.

Ich wünsche Ihnen viel Erfolg bei der Umsetzung!

Ihre Melanie Bettner

Der Zahlenstrahl

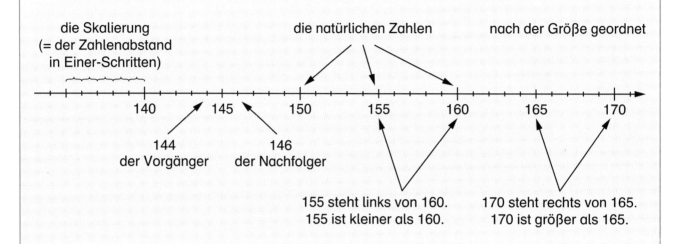

die Skalierung
(= der Zahlenabstand
in Einer-Schritten)

die natürlichen Zahlen

nach der Größe geordnet

140   144   145   146   150   155   160   165   170

144
der Vorgänger

146
der Nachfolger

155 steht links von 160.
155 ist kleiner als 160.

170 steht rechts von 165.
170 ist größer als 165.

So kann ich es sagen:

Das Bild zeigt einen Ausschnitt von einem _____ .

Auf dem Zahlenstrahl stehen die_____ Zahlen nach der

_____ geordnet.

Je weiter man auf dem Zahlenstrahl nach _____ geht, desto

_____ werden die Zahlen.

149 steht _____ 158. 149 ist _____ 158.

163 steht _____ 156. 163 ist _____ 156.

Zu jeder Zahl gibt es einen _____ und einen _____ .

Die _____ ist in Einer-Schritten dargestellt.

Melanie Bettner: Mathematikunterricht ohne sprachliche Hürden 5/6

Der Zahlenstrahl

1. Suche die Fehler in den Sätzen. Streiche die falschen Wörter durch und schreibe die richtigen Wörter darüber. Die Wörter im Kasten helfen dir. Hake richtige Sätze ab. ✓

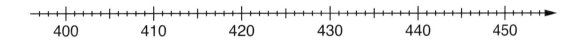

Vorgänger – ~~kleiner~~ – Einer-Schritten – rechts – Nachfolger

```
+++|+++|+++|+++|+++|+++|+++|+++|+++|+++|+++|+++|→
  400      410      420      430      440      450
```

            kleiner
a) 436 ist ~~größer~~ als 439.

b) Auf dem Zahlenstrahl stehen natürliche Zahlen.

c) Die Zahlen stehen nach der Größe geordnet auf dem Zahlenstrahl.

d) Du gehst von 423 eins nach rechts. Du erhältst den Vorgänger.

e) Die Zahl 440 steht links von der Zahl 439.

f) Du gehst von 412 eins nach rechts. Du erhältst den Nachfolger.

g) Die Skalierung beim oben abgebildeten Zahlenstrahl ist in Zehner-Schritten.

h) Der Nachfolger von 409 ist 408.

i) Du erhältst den Nachfolger, wenn du zu einer Zahl + 1 addierst.

2. Max möchte einen Zahlenstrahl von 0 bis 10 000 in sein Heft zeichnen. Er will die Skalierung in Einer-Schritten machen. Schnell stellt er fest, dass der Platz im Heft nicht ausreicht. Was kann Max tun, damit der Platz im Heft ausreicht? Besprich dich mit deinem Nachbarn und schreibe dein Ergebnis auf.

3. a) Zeichne einen Zahlenstrahl in dein Heft: Der Zahlenstrahl beginnt bei 600 und endet bei 800. Er ist in Zehner-Schritten skaliert. (1 Kästchen = Zehner-Schritt)

   b) Beschrifte den Zahlenstrahl mit den Zahlen 600, 700 und 800.

   c) Markiere mit einem roten Strich die 630 und schreibe die Zahl dazu. Kannst du den Nachfolger von 630 genau oder nur ungefähr eintragen? Woran liegt das?

   d) Markiere mit einem blauen Strich eine Zahl, die links von der 630 liegt und beschrifte sie. Schreibe passende Sätze mit „größer als", „kleiner als", „rechts von", „links von" auf.

Das Säulendiagramm

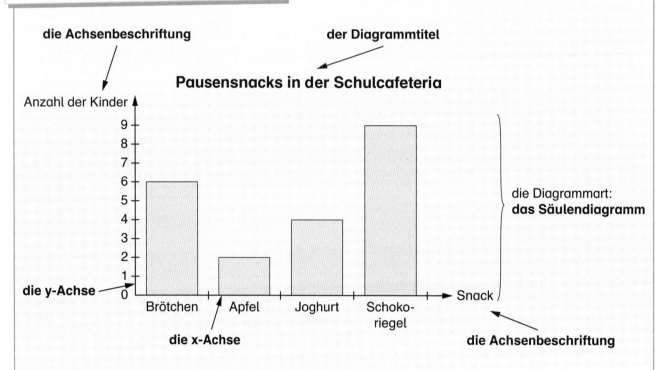

die Achsenbeschriftung

der Diagrammtitel

Pausensnacks in der Schulcafeteria

Anzahl der Kinder

9
8
7
6
5
4
3
2
1
0

Brötchen   Apfel   Joghurt   Schoko-riegel   Snack

die y-Achse

die x-Achse

die Diagrammart:
das Säulendiagramm

die Achsenbeschriftung

die Werte vergleichen
(weniger als ... / mehr als ... /
seltener als ... / häufiger als ... /
am wenigsten / am meisten /
am seltensten / am häufigsten)

So kann ich es sagen:

Wichtige Informationen können bildlich in einem _____

dargestellt werden.

Auskunft über das Thema des Diagramms gibt der _____.

Die nach rechts zeigende Achse heißt _____.

Die nach oben zeigende Achse heißt _____.

Die Beschriftungen „Snack" und „Anzahl der Kinder" nennt man

_____.

Diagramme werden verwendet, um Werte zu _____.

Aus dem Diagramm kann man ablesen: Äpfel werden _____

gegessen, Schokoriegel _____.

Melanie Bettner: Mathematikunterricht ohne sprachliche Hürden 5/6

Das Säulendiagramm

1. Beschreibe mit Worten die Diagramme. Gib dabei Auskunft über die **Diagrammart**, den **Diagrammtitel** und die **Achsenbeschriftungen**. Vergleiche beim Ablesen der Balken die Werte.

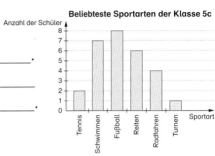

a) Diagrammart:

Abgebildet ist ein _____ .

Diagrammtitel: Das Diagramm gibt Auskunft über _____

_____ .

Achsenbeschriftung:

An der x-Achse stehen _____ .

An der y-Achse steht _____ .

Ein Kästchen entspricht einem Kind.

Werte vergleichen: Die _____ Schüler spielen Fußball.

Die _____ Schüler turnen.

b) Diagrammart:

Abgebildet _____ .

Diagrammtitel: Das Diagramm _____

_____ .

Achsenbeschriftung:

An _____ .

An _____ .

Ein Kästchen entspricht _____ .

Werte vergleichen: _____

_____

2. Zeichne ein Diagramm in dein Heft. Die Informationen findest du im Kasten. Wähle selbst aus, wie viele Kinder jeweils eine Farbe als Lieblingsfarbe nennen.

> Das Diagramm gibt Auskunft über die Lieblingsfarben von Kindern.
> An der y-Achse steht „Anzahl der Kinder".
> Ein Kästchen entspricht 5 Kindern.
> An der x-Achse stehen die Farben gelb, grün, blau, rot.
> Die beliebteste Farbe ist blau.
> Die unbeliebteste Farbe ist gelb.
> Die Farben grün und rot werden gleich stark gemocht.
> Vergiss den Diagrammtitel nicht!

Das Runden von Zahlen

Runde auf die Hunderterstelle:

das Rundungssymbol

7 6 8   ≈   800 ⟵ **die aufgerundete Zahl**

Die Ziffer rechts neben der Rundungsstelle
gibt an, ob man aufrundet oder abrundet.

die Rundungsstelle

- kleiner als 5 → Ich runde ab.
  → Ich lasse die Rundungsstelle so.
- größer oder gleich 5 → Ich runde auf.
  → Ich erhöhe die Rundungsstelle um 1.

768 ≈ **800**

Ziffern rechts von der Rundungsstelle → 0

So kann ich es sagen:

Wenn du Zahlen nicht ganz genau angeben musst, kannst du sie _____.

Die Zahl, auf die gerundet werden soll, nennt man _____.

Die Ziffer _____ neben der Rundungsstelle sagt dir, ob du aufrunden
oder abrunden musst.

↓

Abrunden bedeutet: Ist die Ziffer rechts

neben der _____

kleiner als 5, runde ich ab. Die Rundungs-

stelle _____.

↓

Aufrunden bedeutet: Ist die Ziffer

rechts neben der Rundungsstelle

_____ 5, runde

ich auf. Die Rundungsstelle wird dann

_____.

Beim Aufrunden und beim Abrunden gilt: Alle Ziffern rechts von der Rundungsstelle

_____.

Melanie Bettner: Mathematikunterricht ohne sprachliche Hürden 5/6

Das Runden von Zahlen

1. a) Verbinde die zusammengehörenden Textbausteine.

die Rundungsstelle	aufrunden
die Ziffer rechts neben der Rundungsstelle	Diese Stelle gibt an, ob man aufrundet oder abrundet.
bei 0, 1, 2, 3, 4	abrunden
bei 5, 6, 7, 8, 9	Stelle, auf die gerundet wird

b) Schreibe zu den Textbausteinen vollständige Sätze in dein Heft.
Beginne so:

Die Rundungsstelle ist die Stelle, auf die gerundet wird.

2. a) Fülle die Lücken mit den richtigen Wörtern aus dem
Kasten. Nicht alle Wörter sind richtig!
Runde 252 auf Hunderter.

- Die Rundungsstelle ist eine _____.

- Die Ziffer rechts neben der Rundungsstelle ist eine

  _____.

- Ich muss also _____.

- Die Hunderterstelle _____.

- Die gerundete Zahl lautet _____.

> bleibt gleich
> kleiner als 5
> 5
> aufrunden
> größer oder gleich 5
> abgerundet
> 2
> wird um 1 erhöht
> 300

b) Beschreibe den Rundungsvorgang mit Worten wie im Beispiel aus Aufgabe 2a).
Runde 7 248 auf Tausender.

_____

_____

_____

_____

3. a) Runde auf Tausender.

8 487 ≈ _____   8 687 ≈ _____

b) Was passiert beim Runden mit der Rundungsstelle,
- wenn die Ziffer rechts daneben kleiner als 5 ist?

  Die Rundungsstelle _____.
- wenn die Ziffer rechts daneben 5 oder größer als 5 ist?

  Die Rundungsstelle _____.

c) Was passiert beim Aufrunden und Abrunden mit den letzten Ziffern hinter der
Rundungsstelle?

Alle Ziffern rechts von _____.

Der Bruch

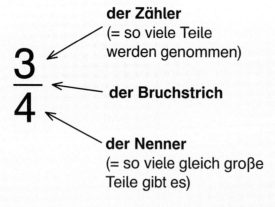

der Zähler
(= so viele Teile
werden genommen)

$\frac{3}{4}$

der Bruchstrich

der Nenner
(= so viele gleich große
Teile gibt es)

die Grafik

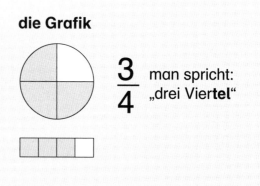

$\frac{3}{4}$ man spricht:
„drei Vier**tel**"

So kann ich es sagen:

$\frac{3}{4}$ ist ein _____.

$\frac{3}{4}$ wird gelesen: _____ .

Ein Bruch wird durch zwei Zahlen dargestellt, die durch einen _____

voneinander getrennt sind.

Die Zahl unter dem Bruchstrich nennt man _____. Er gibt an, in

wie viele _____ ein Ganzes geteilt wurde.

Die Zahl über dem Bruchstrich nennt man _____. Er nennt die

Anzahl der _____, die du vom Ganzen nimmst.

Man kann einen Bruch in einer _____ darstellen.

Melanie Bettner: Mathematikunterricht ohne sprachliche Hürden 5/6

Der Bruch

1. Verbinde die zusammengehörenden Textbausteine.

$\frac{3}{4}$

der Bruchstrich

der Zähler

der Nenner

Das ist die Zahl unter dem Bruchstrich.

Das ist ein Bruch.

Das ist die Zahl über dem Bruchstrich.

Das ist der Strich zwischen den Zahlen.

2. Schreibe den Bruch auf: Ein Kuchen wird in 16 gleich große Stücke geschnitten. 3 Stücke werden gegessen.

_____

3. Zeichne eine Grafik: Eine Pizza wird in 8 gleich große Stücke geschnitten. 5 Stücke werden mit Salami belegt.

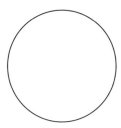

4. Schreibe selbst einen kleinen Text zu $\frac{2}{3}$.

_____

_____

_____

5. Schreibe ganze Sätze.

a) Welcher Bruchteil wurde grau markiert? _____

_____

b) Schreibe eine kleine Textaufgabe zu dem dargestellten Bruch.

_____

_____

_____

_____

_____

Das Erweitern und das Kürzen eines Bruches

das Erweitern

Der Bruch $\frac{2}{3}$ wird **mit 2 erweitert**.

= mehr Teile, gleiche Menge
→ Die Einteilung wird **verfeinert**.

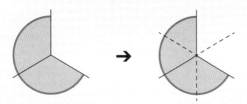

die Erweiterungszahl

$$\frac{2}{3} = \frac{2 \cdot 2}{3 \cdot 2} = \frac{4}{6}$$

Der Wert bleibt gleich. $\frac{2}{3}$ und $\frac{4}{6}$ sind **gleichwertige Brüche**.

das Kürzen

Der Bruch $\frac{4}{6}$ wird **durch 2 gekürzt**.

= weniger Teile, gleiche Menge
→ Die Einteilung wird **vergröbert**.

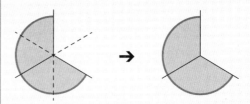

die Kürzungszahl

$$\frac{4}{6} = \frac{4 : 2}{6 : 2} = \frac{2}{3}$$

Der Wert bleibt gleich. $\frac{4}{6}$ und $\frac{2}{3}$ sind **gleichwertige Brüche**.

So kann ich es sagen:

Beim Erweitern wird die Einteilung _____. Das bedeutet: Ich habe die

gleiche Menge, aber _____.

Die Zahl, mit der man erweitert, nennt man _____.

Rechnerisch bedeutet Erweitern: Ich _____ (·) Zähler

und Nenner mit derselben _____.

Beim Kürzen wird die Einteilung _____. Das bedeutet: Ich habe

die gleiche Menge, aber _____.

Die Zahl, durch die man kürzt, nennt man _____.

Rechnerisch bedeutet Kürzen: Ich _____ (:) Zähler und

Nenner durch dieselbe _____.

Beim Erweitern und Kürzen eines Bruches bleibt der _____ des Bruches

gleich. Man sagt: Die Brüche sind _____.

Melanie Bettner: Mathematikunterricht ohne sprachliche Hürden 5/6

Das Erweitern und das Kürzen eines Bruches

1. Beantworte die Fragen in vollständigen Sätzen.

   a) Von dem Kreis ist $\frac{1}{4}$ grau gefärbt. Die Einteilung im Bild wurde geändert. Wurde die Einteilung verfeinert oder vergröbert?

   _____

   b) Woran erkennst du das? Begründe deine Antwort. Die Satzteile im Kasten helfen dir.

   | die Erweiterungszahl – aus einem Teil – 3 gleich große Teile |

   _____

   c) Schreibe den neuen gefärbten Teil des Bruches mit Worten auf.

   _____

   d) Wurde der Bruch erweitert oder gekürzt?

   _____

   e) Mit welcher Erweiterungszahl / Kürzungszahl wurde erweitert / gekürzt?

   _____

2. Beantworte die Fragen, wenn möglich, in vollständigen Sätzen.

   a) Schreibe unter beide Quadratflächen den Anteil der grau gefärbten Flächen.

   b) Wurde die Einteilung verfeinert oder vergröbert?

   _____

   c) Woran erkennst du das? Begründe deine Antwort.

   _____

   d) Wurde der Bruch erweitert oder gekürzt?

   _____

   e) Mit welcher Erweiterungszahl / Kürzungszahl wurde erweitert / gekürzt?

   _____

3. Fülle die Lücken mit den Wörtern aus dem Wortkasten.

   | mehr – gleich – kleiner – gleich – weniger – größer |

   Der Wert eines Bruches bleibt beim Erweitern _____.

   Es werden _____ Teile, dafür werden sie aber _____.

   Der Wert eines Bruches bleibt beim Kürzen _____.

   Es werden _____ Teile, dafür werden sie _____.

Der Dezimalbruch

der gewöhnliche Bruch

der Dezimalbruch

$$\frac{75}{1000} = 0,075$$

ganze Zahlen		Bruchteile eines Ganzen		
E	,	z	h	t
0	,	0	7	5

Einer   Zehntel   Hundertstel   Tausendstel

So kann ich es sagen:

$\frac{75}{1000}$ ist ein _____.

Einen gewöhnlichen Bruch kann ich auch als _____ schreiben:

Vor dem Komma stehen die _____.

Nach dem Komma stehen die _____ eines Ganzen.

Die erste Stelle nach dem Komma gibt die _____ an, die zweite Stelle

nach dem Komma gibt die _____ an, die dritte Stelle nach dem

Komma gibt die _____ an usw.

Brüche mit 10, 100, 1000 usw. im Nenner kannst du sofort als Dezimalbruch schreiben.

Brüche mit anderem _____ musst du so _____ oder

_____, dass im Nenner _____ steht.

Melanie Bettner: Mathematikunterricht ohne sprachliche Hürden 5/6

Der Dezimalbruch

1. Verbinde die zusammengehörenden Textbausteine.

der gewöhnliche Bruch	Das sind die Zahlen vor dem Komma.
der Dezimalbruch	Das ist ein Bruch mit Zähler, Bruchstrich und Nenner.
die ganzen Zahlen	Das sind die Zahlen nach dem Komma.
die Bruchteile eines Ganzen	Das ist eine Zahl mit Komma.

2. a) Ordne die Brüche ($\frac{51}{100}$ und 0,52) den Bildern zu und schreibe sie in das richtige Kästchen.

   b) Entspricht die Schreibweise einem gewöhnlichen Bruch oder einem Dezimalbruch? Schreibe auf die Linien.

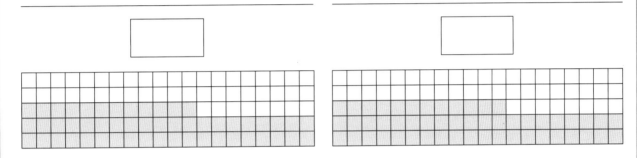

3. Beschrifte die Dezimalzahl mit den folgenden mathematischen Begriffen.

> Bruchteile eines Ganzen – Hundertstel – Zehntel – ganze Zahl – Tausendstel

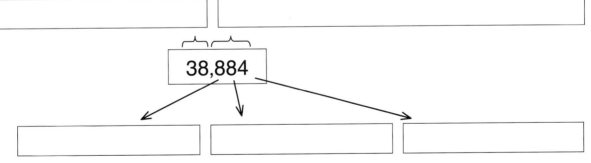

4. a) Verwandle in Dezimalbrüche.

   $\frac{6}{10} =$ _____ $\frac{6}{100} =$ _____ $\frac{6}{1000} =$ _____ $\frac{6}{10\,000} =$ _____

   b) Verwandle in Dezimalbrüche.

   $\frac{3}{10} =$ _____ $\frac{41}{100} =$ _____ $\frac{376}{1000} =$ _____ $\frac{2584}{10\,000} =$ _____

   c) Wie erkennst du am Nenner eines gewöhnlichen Bruches, wie viele Stellen der Dezimalbruch nach dem Komma hat?

   _____

   _____

Die Länge

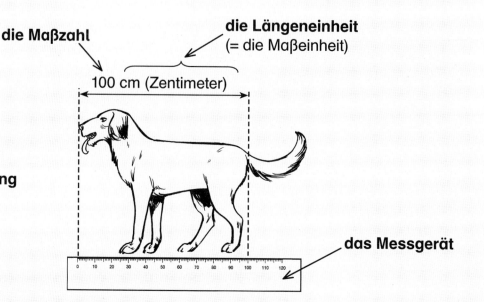

die Maßzahl

die Längeneinheit
(= die Maßeinheit)

100 cm (Zentimeter)

die Längenmessung

das Messgerät

Längeneinheiten **umrechnen/umwandeln**: z. B. 100 cm = 1 m (Meter)

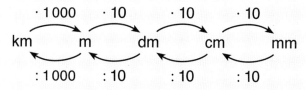

So kann ich es sagen:

Auf dem Bild oben wird die Länge des Hundes mit einem _____
gemessen.

Die Zahl, die man bei der Längenmessung auf dem Messgerät abliest, nennt man

_____. Hier ist sie 100.

Um die Länge des Hundes genau anzugeben, schreibt man hinter die Maßzahl eine

_____.

Die Länge des Hundes wird in _____ gemessen.

Man kann 100 cm in eine größere Einheit _____.

100 Zentimeter sind genauso _____ wie 1 Meter.

Außer Zentimetern und Metern gibt es noch weitere Längeneinheiten, nämlich

_____ .

Melanie Bettner: Mathematikunterricht ohne sprachliche Hürden 5/6

Die Länge

1. Schreibe die Begriffe aus dem Kasten in die richtige Sprechblase.

> die Längeneinheit – das Messgerät – die Längenmessung – die Maßzahl

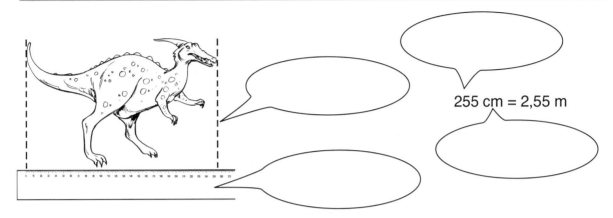

255 cm = 2,55 m

2. Lisa, Max und Tom haben im Museum die Flügellänge von Flugsauriern gemessen.
   Sie wollen wissen, welcher Flugsaurier den längsten Flügel hat.
   Max sagt: „Bei Flugsaurier B steht die größte Zahl. Also ist der Flügel am längsten."
   Tom sagt: „Flugsaurier C hat den längsten Flügel, weil die Länge in Metern angegeben ist."
   Lisa sagt: „Das ist doch dreimal dieselbe Länge."

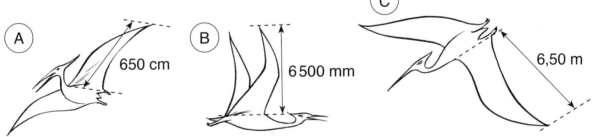

A 650 cm

B 6 500 mm

C 6,50 m

Beantworte die folgenden Fragen in ganzen Sätzen. Die Wörter im Kasten helfen dir.

> derselbe gemessene Wert – verschiedenen Längeneinheiten umwandeln –
> die Längenmaße – in eine gleiche Maßzahl

a) Wer hat recht: Max, Tom oder Lisa? Begründe.

_____

_____

b) Was musst du tun, um die Flügellängen besser vergleichen zu können?

_____

3. Passt der Saurier mit ausgebreiteten Flügeln in Lisas Zimmer? Sie misst die Länge
   ihres Zimmers mit dem Maßband und sagt zu ihrem Vater: „Das Zimmer ist 7 lang."
   Ihr Vater fragt sie, ob sie dabei 7 kleine oder 7 große Schritte gemacht hat. Lisa wundert sich. Sie hat doch gar nicht in Schritten gemessen.
   Warum verstehen sich Lisa und ihr Vater nicht? Begründe deine Antwort.

Der Maßstab

Der **Maßstab** gibt ein Verhältnis an:
Modellauto zu Wirklichkeit.

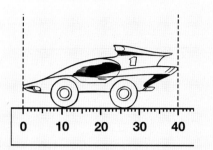

das Bild   die Wirklichkeit = das echte Auto

1 : 10

gelesen:
Maßstab eins zu zehn

„Maßstab 1 : 10" bedeutet: 1 cm des Bildes entspricht 10 cm in Wirklichkeit.

Grundsätzlich gilt:

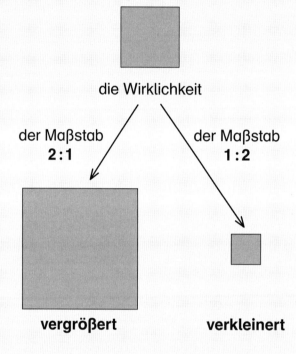

die Wirklichkeit

der Maßstab
2 : 1

der Maßstab
1 : 2

vergrößert   **verkleinert**

So kann ich es sagen:

Maßstab 1:10 wird gelesen: _____.

Die Zahl vor dem Doppelpunkt bezieht sich auf _____.

Die Zahl hinter dem Doppelpunkt bezieht sich auf _____.

Das bedeutet: _____ des Bildes sind _____ in Wirklichkeit.

Beim Maßstab 1:10 wird die Wirklichkeit _____.

Beim Maßstab 10:1 wird die Wirklichkeit _____.

Melanie Bettner: Mathematikunterricht ohne sprachliche Hürden 5/6

Der Maßstab

1. Fülle die Lücken mit den passenden Wörtern aus dem Kasten.

   vergrößert – verkleinert – gleich groß

   a) Maßstab 1:1   Das Bild und die Wirklichkeit sind _____.

   b) Maßstab 1:4   Die Wirklichkeit wird _____.

   c) Maßstab 4:1   Die Wirklichkeit wird _____.

2. Streiche das falsche Wort durch.

   Ist die erste Zahl des Maßstabes kleiner als die zweite, wird die Originalgröße verkleinert / vergrößert.

   Ist die erste Zahl des Maßstabes größer als die zweite, wird die Originalgröße verkleinert / vergrößert.

3. Michel und Sam haben ihr Klassenzimmer gemessen: Länge = 8 m,
   Breite = 5 m. Sie sollen das Klassenzimmer im Maßstab 1:100 aufzeichnen.

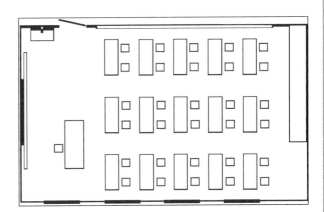

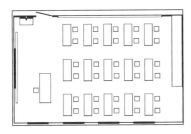

   a) Nur eine Zeichnung ist richtig gezeichnet. Streiche die falsche Zeichnung durch.
   b) Fülle die Lücken.

   _____ : _____. Das bedeutet, 1 cm in der Zeichnung entspricht _____ cm, also

   _____ m, in der Wirklichkeit. Das Klassenzimmer muss in der Zeichnung also

   _____ cm lang und _____ cm breit sein.

   c) Miss euer Klassenzimmer und zeichne es im Maßstab 1:100 in dein Heft.
      Beschreibe deine Zeichnung in ganzen Sätzen wie in Aufgabe 3b).

4. In einem Mathematikbuch sind die Zahnräder einer Armbanduhr im Maßstab 3:1 dar-
   gestellt.
   Sind die Zahnräder im Mathematikbuch verkleinert oder vergrößert dargestellt?
   Begründe deine Antwort in ganzen Sätzen.

   _____

   _____

Der Flächeninhalt

Jede Figur hat eine **Fläche**. Den **Flächeninhalt** kannst du berechnen. → Wie oft passt das **Zentimeterquadrat** in eine Figur hinein?

das Zentimeterquadrat

der Flächeninhalt
1 cm² =
ein Quadratzentimeter

Hier sind 2 Zentimeterquadrate durch **Teilstücke** mit demselben Flächeninhalt ersetzt:

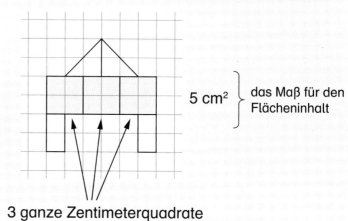

5 cm²   } das Maß für den Flächeninhalt

3 ganze Zentimeterquadrate

So kann ich es sagen:

Ein Quadrat mit der Seitenlänge 1 cm nennt man _____.

Es hat den Flächeninhalt _____.

Es lässt sich durch _____ ersetzen.

Der Flächeninhalt bleibt derselbe.

Wenn man ermittelt, wie oft ein Zentimeterquadrat in eine Figur passt, erhält man das Maß für den _____.

In die Figur oben passen 3 ganze _____ hinein.

2 Zentimeterquadrate sind durch 4 _____ mit demselben Flächeninhalt ersetzt worden.

Der Flächeninhalt der Figur beträgt also _____.

5 cm² wird in Worten geschrieben: _____.

Außer Quadratzentimetern gibt es noch weitere Einheiten für den Flächeninhalt, nämlich

_____.

Melanie Bettner: Mathematikunterricht ohne sprachliche Hürden 5/6

Der Flächeninhalt

1. Verbinde die zusammengehörenden Textbausteine.

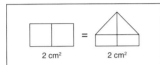

2 ganze Zentimeterquadrate sind durch 4 gleich große Teilstücke mit demselben Flächeninhalt ersetzt worden.

Den Flächeninhalt ermitteln bedeutet ...

Das ist ein Quadratzentimeter.

Wie oft passt ein Quadrat mit der Seitenlänge 1 cm in die Figur hinein?

2. Belege die Terrasse eines Modellhauses mit Platten. Die Form der Terrasse darfst du selbst wählen.

Du hast folgende Platten: 7 , 6 ... ↕0,5 cm und 2 ...

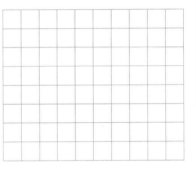

a) Die Terrasse darf nur 6 cm² groß sein.
   Sie soll mit **4 ganzen Zentimeterquadraten** belegt werden.
   Zeichne die Terrasse mit den Platten.
b) Wie viele ganze Terrassenplatten und wie viele gleich große Teilstücke sind übrig geblieben?
c) Wie viele Quadratzentimeter sind das?

3. Beantworte die Fragen in ganzen Sätzen.
   a) Beschreibe mit Worten, wie du den Flächeninhalt ermittelst.
   b) Mit welchen Teilen kannst du die Figur auslegen? Beschreibe genau!
   c) Welchen Flächeninhalt hat die Figur?

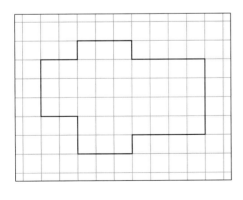

a) Ich ermittle, wie oft _____

_____.

b) In die Figur passen _____

_____

_____.

c) _____

Der Oberflächeninhalt

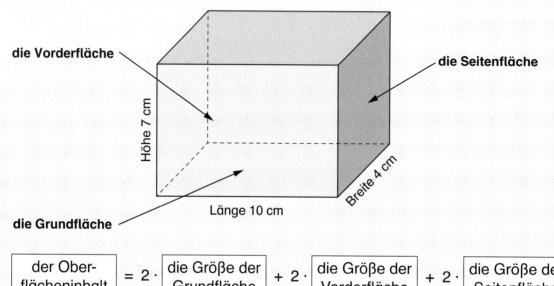

die Vorderfläche

die Seitenfläche

Höhe 7 cm

die Grundfläche

Länge 10 cm

Breite 4 cm

der Ober-flächeninhalt	= 2 ·	die Größe der Grundfläche	+ 2 ·	die Größe der Vorderfläche	+ 2 ·	die Größe der Seitenfläche
O	= 2 ·	10 cm · 4 cm	+ 2 ·	10 cm · 7 cm	+ 2 ·	4 cm · 7 cm

276 cm²　　　= 80 cm²　　　　　+ 140 cm²　　　　　+ 56 cm²

So kann ich es sagen:

Die äußeren 6 Flächen des Quaders bilden zusammen seine

_____ .

Beim Quader sind gegenüberliegende _____ gleich groß.

Den Oberflächeninhalt berechnen bedeutet: Ich muss

zweimal die Größe der _____ (80 cm²) plus

zweimal die Größe der _____ (140 cm²) plus

zweimal die Größe der _____ (56 cm²) rechnen.

Die Flächeninhalte der Grundfläche, der Vorderfläche und der Seitenfläche kann man

mit den 3 Kantenlängen _____ (10 cm), _____ (4 cm) und

_____ (7 cm) ausrechnen.

Wenn man alle Flächeninhalte des Quaders addiert, erhält man den

_____ (276 cm²).

Melanie Bettner: Mathematikunterricht ohne sprachliche Hürden 5/6

Der Oberflächeninhalt

1. Das Videospiel für die Playstation soll als Geschenk verpackt werden.
   Es ist 10 cm lang, 13 cm breit und 2 cm hoch.
   Deine Mutter sagt, dass nur noch 400 cm² Geschenkpapier da sind.
   a) Mache eine Skizze des Videospiels.
   - Male die Grundfläche, die Vorderfläche und eine Seitenfläche jeweils in einer anderen Farbe an und beschrifte sie.
   - Trage die Maße des Videospiels ein.

   b) Wie berechnest du den Oberflächeninhalt des Videospiels? Schreibe dazu deine Vorgehensweise in eigenen Worten auf.
   Beginne so:
   Ich rechne den Oberflächeninhalt aus. Das mache ich, indem ich ...

   _____

   _____

   _____

   c) Begründe, warum du die Flächen • 2 nimmst.

   _____

   d) Schreibe den Rechenweg und das Ergebnis auf.

   e) Reicht das Geschenkpapier, um das Spiel zu verpacken?

   _____

Das Volumen

Das Volumen ist der **Rauminhalt** eines Körpers. Den Rauminhalt kannst du berechnen.
→ Wie oft passt der **Zentimeterwürfel** in den Körper hinein?

der Zentimeterwürfel

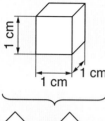

**das Volumen
(= der Rauminhalt)**

$1 \text{ cm}^3 =$
ein Kubikzentimeter

Hier ist 1 Zentimeterwürfel durch Teilkörper mit demselben Volumen ersetzt:

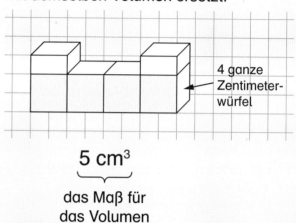

4 ganze Zentimeterwürfel

5 cm^3

das Maß für das Volumen

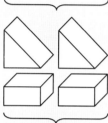

Hier sind 2 Zentimeterwürfel durch Teilkörper ersetzt.

So kann ich es sagen:

Einen Würfel mit der Kantenlänge 1 cm nennt man _____.

Er hat das Volumen _____.

Er lässt sich durch _____ ersetzen.

Das Volumen bleibt dasselbe.

Wenn man ermittelt, wie oft ein Zentimeterwürfel in einen Körper passt, erhält man das

Maß für das _____.

Ein anderes Wort für Volumen ist _____.

In den Körper oben passen 4 ganze _____ hinein.

Ein Zentimeterwürfel ist durch 2 _____ mit demselben

Volumen ersetzt worden.

Der abgebildete Körper hat das Volumen _____.

1 cm^3 wird in Worten gesprochen: _____.

Außer Kubikzentimetern gibt es noch weitere Volumeneinheiten, nämlich

_____.

Melanie Bettner: Mathematikunterricht ohne sprachliche Hürden 5/6

Das Volumen

1. Male die zusammengehörenden Textbausteine in der gleichen Farbe an.

1 cm³

Wie oft passt ein Würfel mit der Kantenlänge 1 cm in den Körper hinein?

Den Rauminhalt eines Körpers
zu ermitteln, bedeutet ...

2 ganze Zentimeterwürfel sind durch
4 Teilkörper mit demselben Volumen
ersetzt worden.

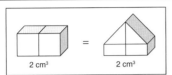

Das ist ein Kubikzentimeter.

2. Welche Beschreibung passt zu welchem Körper? Trage A, B, C ein.

○ Der Körper hat das Volumen 5 cm³. Er besteht aus **4 ganzen Zentimeter-
würfeln**. **1 Zentimeterwürfel** wurde durch **2 Teilkörper** mit demselben
Volumen **ersetzt**.

○ Der Körper hat das Volumen 3 cm³. Er besteht aus **2 ganzen Zentimeter-
würfeln**. **1 Zentimeterwürfel** wurde durch **2 Teilkörper** mit demselben
Volumen ersetzt.

○ Der Körper hat das Volumen 5 cm³. Er besteht aus **3 ganzen Zentimeter-
würfeln**. **2 Zentimeterwürfel** wurden durch **4 Teilkörper** mit demselben
Volumen ersetzt.

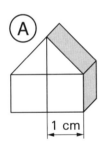

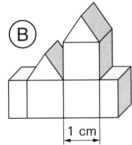

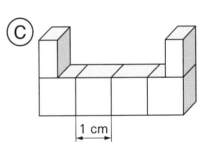

3. Ermittle das Volumen des Körpers. Beantworte die Fragen
   in ganzen Sätzen. Die Satzbausteine von Aufgabe 1 und
   die Beschreibungen von Aufgabe 2 können dir helfen.

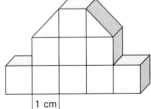

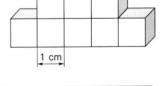

   a) Beschreibe mit Worten, wie du das Volumen ermittelst.

   Ich ermittle, wie oft _____

   _____ .

   b) Aus welchen Teilen besteht der Körper? Beschreibe genau!

   Der Körper besteht aus _____

   _____ .

   c) Welches Volumen hat der Körper?

   _____

Die Addition

die Addition = das Plus-Rechnen

die Additionsaufgabe

das Pluszeichen

$$568 + 70 = 638 \longleftarrow \text{die Summe}$$

der erste Summand   der zweite Summand

So kann ich es sagen:

568 + 70 ist eine _____.

Das Pluszeichen (+) bedeutet: Ich muss den _____ (568)
und den _____ (70) addieren.

Das Ergebnis einer Additionsaufgabe ist die _____ (638).

Anstelle von „addieren" kann man auch andere Wörter sagen:

_____.

Melanie Bettner: Mathematikunterricht ohne sprachliche Hürden 5/6

Die Addition

1. Verbinde die zusammengehörenden Textbausteine.

die Addition	Das ist die Zahl vor dem Pluszeichen.
der erste Summand	Das ist die Zahl nach dem Pluszeichen.
der zweite Summand	Das ist das Ergebnis einer Addition.
die Summe	Das ist eine Rechnung mit Pluszeichen.

2. Bilde mit den Stichworten einen ganzen Satz. Der Satz soll einen Rechenvorgang beschreiben.

a) fünf – sieben – addieren

_____

b) Summe – der erste Summand – der zweite Summand – ergeben

_____

c) der zweite Summand – der erste Summand – addieren

_____

3. Bearbeite die Aufgaben.

a) Im Bus sitzen 20 Personen. An der nächsten Haltestelle kommen noch 5 hinzu.

„... kommt zu ... hinzu"
→ Additionsaufgabe

Frage: _____

Rechnung: _____

Antwort: _____

b) Sina sagt: „Wenn ich meine gedachte Zahl zu 38 dazurechne, kommt 63 heraus."

„... zu ... dazurechnen"
→ Additionsaufgabe

Frage: _____

Rechnung: _____

Antwort: _____

c) Schreibe selbst eine kleine Textaufgabe zu 25 plus 12.

_____

_____

_____

Die Subtraktion

die Subtraktion = das Minus-Rechnen

die Subtraktionsaufgabe

das Minuszeichen

$$457 - 90 = 367 \longleftarrow \text{die Differenz}$$

der Minuend   **der Subtrahend**

So kann ich es sagen:

457 – 90 ist eine _____.

Das Minuszeichen (–) bedeutet: Ich muss den _____ (90)

vom _____ (457) subtrahieren.

Das Ergebnis einer Subtraktionsaufgabe ist die _____ (367).

Anstelle von „subtrahieren" kann man auch andere Wörter sagen:

_____.

Melanie Bettner: Mathematikunterricht ohne sprachliche Hürden 5/6

Die Subtraktion

1. a) Ordne die Zahlen der Rechenaufgabe den Begriffen „Minuend", „Subtrahend" und „Differenz" zu und schreibe sie direkt hinter die Begriffe.

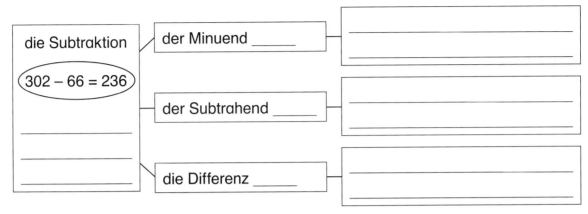

b) Ordne die folgenden Sätze den Begriffen zu und schreibe sie in die leeren Kästchen oben.

- die Zahl vor dem Minuszeichen
- eine Rechnung mit Minus-Zeichen
- die Zahl, von der etwas abgezogen wird
- das Ergebnis
- die Zahl hinter dem Minuszeichen
- die Zahl, die abgezogen wird

2. a) Kreuze an, ob die Aussage richtig oder falsch ist.

	falsch	richtig
Der Minuend und der Subtrahend sind vertauschbar.	☐	☐
Das Ergebnis einer Subtraktionsaufgabe heißt Minuend.	☐	☐
Wenn man den Subtrahenden vom Minuenden subtrahiert, erhält man die Differenz.	☐	☐

b) Wie müssen die falschen Aussagen richtig heißen? Schreibe sie auf.

_____

_____

_____

3. Entdeckeraufgabe
a) Der Minuend ist 400, der Subtrahend ist 150. Berechne die Differenz.
b) Was passiert mit der Differenz, wenn man den Minuenden und den Subtrahenden verdoppelt?

_____

_____

_____

c) Überlege dir selbst eine Subtraktionsaufgabe. Überprüfe, ob deine Antwort aus Aufgabe 3b) auch hier zutrifft.

_____

_____

_____

Die Multiplikation

die Multiplikation = das Vervielfachen

die Multiplikationsaufgabe

das Malzeichen

$$7 \cdot 58 = 406 \longleftarrow \text{das Produkt}$$

der erste Faktor   der zweite Faktor

So kann ich es sagen:

$7 \cdot 58$ ist eine _____.

Man erkennt eine Multiplikation an dem _____ zwischen 2 Zahlen.

Das Malzeichen ($\cdot$) bedeutet: Ich muss den _____ (7)
und den _____ (58) multiplizieren.

Das Ergebnis einer Multiplikationsaufgabe ist das _____ (406).

Anstelle von „multiplizieren" kann man auch andere Wörter sagen:

_____.

Melanie Bettner: Mathematikunterricht ohne sprachliche Hürden 5/6

Die Multiplikation

1. Beantworte die Fragen. Schreibe die mathematischen Fachbegriffe auf.

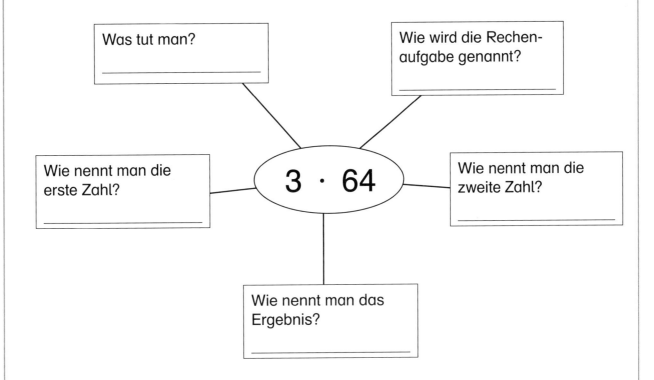

Was tut man?
_____

Wie wird die Rechen-
aufgabe genannt?
_____

Wie nennt man die
erste Zahl?
_____

3 · 64

Wie nennt man die
zweite Zahl?
_____

Wie nennt man das
Ergebnis?
_____

2. a) Schreibe den Text neu und ersetze die fett gedruckten Wörter durch mathematische Fachbegriffe: Wenn ich bei einer **Malaufgabe die erste** und **die zweite Zahl malnehme**, erhalte ich **das Ergebnis**.

   _____

   _____

   _____

   b) Welche Sätze zur Aufgabe 4 · 20 = 80 sind mathematisch korrekt? Finde die richtigen Möglichkeiten und kreuze an.
   - ☐ Der erste Faktor ist 4. Der zweite Faktor ist 20. Ich berechne das Produkt.
   - ☐ Ich bilde das Produkt der Faktoren 20 und 80.
   - ☐ Ich multipliziere den ersten und den zweiten Faktor.
   - ☐ Das Produkt der Multiplikationsaufgabe ist 80.

3. Entdeckeraufgabe
   a) Berechne. 3 · 12 = _____
   b) Vertausche die Faktoren und berechne erneut. _____
   c) Was passiert mit dem Produkt, wenn du die Faktoren vertauschst? Antworte in einem ganzen Satz. Benutze mathematische Fachbegriffe.

   Wenn _____

   _____

Die Division

die Division = die Teilung

die Divisionsaufgabe

das Geteiltzeichen

$$408 : 4 = 102 \longleftarrow \text{der Quotient}$$

der Dividend   der Divisor

So kann ich es sagen:

408 : 4 ist eine _____.

Man erkennt eine Division an dem _____ zwischen 2 Zahlen.

Das Geteiltzeichen (:) bedeutet: Ich muss überlegen, wie oft der _____ (4)
in den _____ (408) passt.

Ebenso kann ich sagen: Ich teile den _____ (408) durch den
_____ (4).

Das Ergebnis einer Divisionssaufgabe ist der _____ (102).

Anstelle von „dividieren" kann man auch andere Wörter sagen:

_____.

Melanie Bettner: Mathematikunterricht ohne sprachliche Hürden 5/6

Die Division

1. Fülle die Lücken mit den passenden Wörtern aus dem Kasten.

Divisor – dividieren – Quotient – Dividend

    a) Die Zahl, die geteilt wird, nennt man _____.

    b) Die Zahl, durch die geteilt wird, nennt man _____.

    c) Das Ergebnis nennt man _____.

    d) Der Fachbegriff für „geteiltrechnen" heißt _____.

2. Welche Aussagen sind richtig? Kreuze an.
   Eine Herde mit 96 Kühen wird in 8 gleich große Gruppen aufgeteilt. In jeder Gruppe sind 12 Kühe.
   - [ ] Die Divisionsaufgabe lautet 8 : 96.
   - [ ] 96 ist der Dividend und 8 der Divisor.
   - [ ] Man muss 96 durch 8 dividieren.
   - [ ] Der Quotient ist 12. Das ist die Anzahl der Kühe, die in einer Gruppe sind.

3. Schreibe eine kleine Textaufgabe.
   Der Dividend soll 321 sein, der Divisor 3.

   Textaufgabe: _____

   _____

   Frage: _____

   Rechnung: _____

   Antwort: _____

4. Löse die Rätsel und schreibe die mathematischen Fachbegriffe waagerecht in die Felder. Die markierten Felder verraten dir das Lösungswort.
   a) Ich bin das Ergebnis der Division zweier Zahlen.
   b) Ich bin die Zahl, durch die eine andere Zahl geteilt wird.
   c) Ich bin die Zahl, die durch eine andere Zahl geteilt wird.
   d) Ich bin das Rechenzeichen bei einer Division.
   e) Ich bin der mathematische Fachbegriff für „geteiltrechnen".

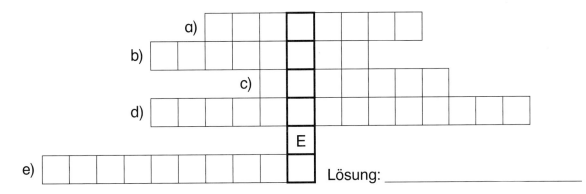

Lösung: _____

Der Teiler

T_{15} heißt die Teilermenge von 15.

Man überlegt, durch welche Zahlen 15 **teilbar** ist.

die Teilermenge

der Teiler → man schreibt: 5 | 15
man spricht: 5 ist ein Teiler von 15.

$$T_{15} = \{1, 3, 5, 15\}$$

die Mengenklammer

So kann ich es sagen:

15 ist ohne Rest durch 5 _____.

Wenn man eine Zahl (im Beispiel die 15) ohne Rest durch eine kleinere Zahl (z. B. 3)

teilen kann, so nennt man diese kleinere Zahl einen _____ von 15.

Man sagt: 3 ist _____ von 15.
Man schreibt: _____.

Alle Teiler, die man der Größe nach in einer Mengenklammer aufschreibt, nennt man die

_____.

Melanie Bettner: Mathematikunterricht ohne sprachliche Hürden 5/6

Der Teiler

1. Folgende Teilermenge ist gegeben: $T_{21} = \{1, 3, 7, 21\}$.
   Immer 3 Kästchen gehören zusammen. Male die zusammengehörenden Kästchen in der gleichen Farbe an.

teilbar	Er wird so genannt, weil man eine Zahl durch ihn ohne Rest teilen kann.	$\{1, 3, 7, 21\}$
der Teiler	Alle Teiler stehen der Größe nach geordnet in einer Mengenklammer.	$21 : 7 = 3$ 21 ist durch 7 teilbar.
die Teilermenge	Bei einer Divisionsaufgabe bleibt kein Rest.	7 ist Teiler von 21.

2. Tom möchte 16 Münzen gerecht an 3 Freunde verteilen, ohne dass ein Rest übrig bleibt.
   Toms Vater fragt ihn, ob denn 3 überhaupt ein Teiler von 16 sei.
   Tom weiß nicht, was sein Vater mit dem Wort „Teiler" meint.

   a) Erkläre Tom mit deinen Worten, was sein Vater mit „Teiler" meint. Die Erklärungen und Beispielaufgaben oben im Kasten helfen dir.

   _____

   _____

   _____

   b) Ist 3 ein Teiler von 16? Antworte in einem ganzen Satz.

   _____

   _____

   c) Tom überlegt, die Münzen an mehr als 3 Freunde zu verteilen.
      Toms Vater sagt: „Ermittle doch die Teilermenge und schaue dann, welche Möglichkeiten du hast, deine Münzen zu verteilen."
      Erkläre Tom mit deinen Worten, was sein Vater mit „Teilermenge" meint.

   _____

   _____

   d) Schreibe die Teilermenge von 16 auf.

   _____

Das Vielfache

V_7 heißt die Vielfachenmenge von 7.

Man schreibt die Vielfachen von 7 auf.

die Vielfachenmenge

unendlich

$$V_7 = \{7, 14, 21, 28, ...\}$$

die Mengenklammer

das Vielfache
(14 ist ein Vielfaches von 7.)

So kann ich es sagen:

Man kann von jeder natürlichen Zahl die _____

bestimmen.

Beispiel: Die Vielfachenmenge von 7 kürzt man mit _____ ab. Wenn ich 7 mit
einer natürlichen Zahl multipliziere (z. B. 1 oder 2 oder 3 ...), dann nennt man die Zahlen,
die man erhält (7, 14, 21, ...), _____.

Schreibt man alle Vielfachen in einer Mengenklammer auf, so ist das die

_____.

Die Punkte am Ende der Klammer bedeuten, dass es _____ viele
Vielfache einer Zahl gibt.

Melanie Bettner: Mathematikunterricht ohne sprachliche Hürden 5/6

Das Vielfache

1. Folgende Vielfachenmenge ist gegeben: $V_4 = \{4, 8, 12, 16, 20, ...\}$.
   Immer 3 Kästchen gehören zusammen. Male die zusammengehörenden Kästchen in der gleichen Farbe an.

unendlich	Multipliziere die Zahl, von der die Vielfachenmenge bestimmt werden soll, mit einer natürlichen Zahl – und du erhältst ...	$\{...\}$
das Vielfache	Sie erhältst du, wenn du alle Vielfachen der Größe nach in eine Mengenklammer schreibst.	$4 \cdot 3 = 12$ 12 ist ein Vielfaches von 4.
die Vielfachenmenge	Der Begriff bedeutet, dass es unbegrenzt viele Zahlen gibt.	$\{4, 8, 12, 16, 20, ...\}$

2. Cedric sagt zu seinen Eltern, dass er jeden Monat 16 Euro in sein Sparschwein steckt, um für ein neues Handy zu sparen. Eines Tages zerschlagen er und seine Mutter das Sparschwein und finden darin 172 Euro.
   Was kannst du daraus schlussfolgern? Begründe deine Antwort, in der Vielfache eine Rolle spielen.

   _____

   _____

   _____

3. Erfinde zu den folgenden Informationen eine Textaufgabe, in der Vielfache eine Rolle spielen.

   > Eintrittskarte Zirkus kostet 13 Euro – Tageseinnahmen Kasse 1 326 Euro

   Frage: _____

   _____

   Rechnung: _____

   _____

   Antwort: _____

Die Potenz

die Potenz
man spricht:
vier hoch drei

die Hochzahl
(= der Exponent)

$$4^3 = 4 \cdot 4 \cdot 4 = 64$$

die Grundzahl
(= die Basis)

der Wert der Potenz
(= der Potenzwert)

So kann ich es sagen:

4^3 ist eine _____.

Die Zahl, die mehrmals mit sich selbst multipliziert wird (4), nennt man

_____ oder _____.

Die Zahl, die angibt, wie oft multipliziert wird (^{3}), nennt man _____

oder _____.

4^3 bedeutet: Ich multipliziere die _____ (4) so oft mit sich

selbst, wie es der _____ (^{3}) angibt. Die Rechnung lautet

also _____.

Das Ergebnis nennt man _____.

4^3 wird gelesen: _____.

Melanie Bettner: Mathematikunterricht ohne sprachliche Hürden 5/6
© Auer Verlag

Die Potenz

1. Fülle die Lücken mit mathematischen Fachbegriffen.

Zu mir sagt man
_____
oder
_____.

Ich bin der

_____.

Man nennt mich

_____

oder

_____.

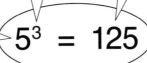

$5^3 = 125$

2. a) Berechne die Potenz. Schreibe zuerst das Produkt.

   $7^2 =$ _____

   b) Fülle die Lücken mit den richtigen Elementen aus dem Kasten.
   Es bleiben Elemente übrig.

   - Die Basis ist eine _____.

   - Der Exponent ist eine _____.

   - Ich _____ die Basis _____

     mit sich selbst.

   - Ich rechne also _____.

   - Die Potenz von 7^2 ist _____.

multipliziere
2
addiere
7 · 2
7-mal
7
7 · 7
2-mal
49

   c) Beschreibe mit eigenen Worten den Rechenvorgang. Denke an
   die mathematischen Fachbegriffe. Das Beispiel oben hilft dir dabei.

   $6^3 =$ _____

   _____

   _____

3. Entdeckeraufgabe
   a) Berechne die Potenzen.

   $1^1 =$ _____ $1^2 =$ _____ $1^3 =$ _____ $1^4 =$ _____ $1^5 =$ _____

   $1^6 =$ _____ $1^7 =$ _____ $1^8 =$ _____ $1^9 =$ _____ $1^{10} =$ _____

   b) Die Exponenten bei Aufgabe 3a) ändern sich. Was passiert mit dem Wert der
   Potenz? Antworte in einem ganzen Satz. Benutze mathematische Fachbegriffe.

   Wenn _____

   _____

Das Koordinatensystem

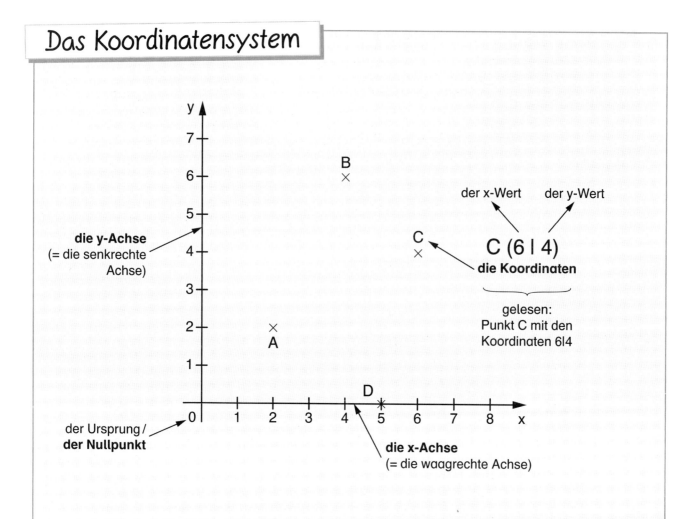

So kann ich es sagen:

Um die Lage eines Punktes genau festlegen zu können, hilft uns das

_____.

Der waagrechte Zahlenstrahl heißt _____.

Der senkrechte Zahlenstrahl heißt _____.

Die Lage des Punktes C wird durch seine _____ (6|4)
genau angegeben.

Bei der Koordinate (6|4) nennt man die 6 den _____.

Bei der Koordinate (6|4) nennt man die 4 den _____.

C(6|4) bedeutet: Ich gehe vom Punkt (0|0) aus 6 Einheiten nach _____,

dann 4 Einheiten nach _____.

Melanie Bettner: Mathematikunterricht ohne sprachliche Hürden 5/6
© Auer Verlag

Das Koordinatensystem

1. a) Schreibe die Satzteile aus dem Kasten an die richtige Stelle.

> Dieses Zahlenpaar gibt die Lage eines Punktes an. –
> die erste Zahl des Zahlenpaars – der waagrechte Zahlenstrahl –
> die zweite Zahl des Zahlenpaars – der senkrechte Zahlenstrahl

b) Markiere bei den Beispielen die zum Fachbegriff gehörende Stelle gelb.

Fachbegriff	Erklärung	Beispiel
die x-Achse	_____ _____	(Koordinatensystem mit P(2I1))
die y-Achse	_____ _____	(Koordinatensystem mit P(2I1))
die Koordinaten	_____ _____	P(2I1)
der x-Wert	_____ _____	P(2I1)
der y-Wert	_____ _____	P(2I1)

2. a) Erkläre mit eigenen Worten, wie du die Lage der Punkte abliest.

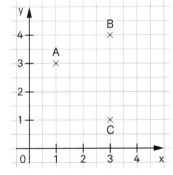

Punkt A: Ich gehe vom Punkt (0I0) aus 1 Einheit nach _____, dann 3 Einheiten nach _____.

Punkt B: Ich gehe vom Punkt _____

_____.

Punkt C: _____

_____

b) Erkläre mit deinen Worten, wie du die Lage der folgenden Punkte einträgst.

D(2I0): Ich gehe vom Punkt (0I0) aus _____ Einheiten nach _____, dann _____ Einheiten nach _____.

E(1I2): Ich _____

_____.

c) Beschreibe mit deinen Worten die Koordinaten der Punkte A, B und C.

Punkt A hat die Koordinaten 1I3.   Man schreibt A (___I___).

Punkt B hat _____. Man schreibt _____.

_____. _____.

Die Strecke / Die Gerade / Die Halbgerade

die Strecke c,
der Anfangspunkt A,
der Endpunkt B
man schreibt: $\overline{AB}$
man spricht: „die Strecke AB"

die Gerade g, unendlich lang,
man schreibt: EF, man spricht:
„die Gerade g durch die Punkte
E und F"

der Schnittpunkt

C

c

A

B

F

g

E

D

b

die Halbgerade b, der Anfangspunkt C,
kein Endpunkt, unendlich
man schreibt: [CD,
man spricht: „die Halbgerade CD"

So kann ich es sagen:

Eine gerade Linie, die durch 2 Punkte begrenzt wird, nennt man _____.

Sie hat einen _____ und einen _____.

Man schreibt: _____. Man spricht: _____.

Eine Gerade geht durch 2 _____. Sie hat keinen _____

und keinen _____.

Sie ist also _____ lang.

Man schreibt: _____. Man spricht: _____.

Eine Halbgerade hat einen _____, aber keinen _____.

Sie ist also auch _____ lang.

Der gemeinsame Punkt, in dem sich die Strecke c, die Halbgerade b und die Gerade g

schneiden, nennt man _____.

Melanie Bettner: Mathematikunterricht ohne sprachliche Hürden 5/6
© Auer Verlag

Die Strecke / Die Gerade / Die Halbgerade

1. a) Wie heißen diese gerade Linien?

Zeichnung 1:

Zeichnung 2:

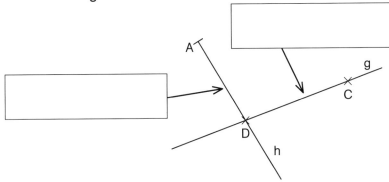

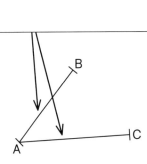

b) Beschreibe die Zeichnungen. Fülle die Lücken mit den richtigen mathematischen Wörtern aus dem Kasten.

> Halbgerade – unendlich – schneiden – $\overline{AC}$ – Gerade – Anfangspunkt – Strecken – Punkte – Anfangspunkt – Halbgerade – $\overline{AB}$ – Schnittpunkt – Endpunkt

Zeichnung 1:

Gegeben sind die _____ g und die _____ h.

Sie _____ sich im Punkt D. Der Punkt D heißt

_____.

Die _____ D und C liegen auf der Geraden g.

Die _____ h hat den _____ A

und geht durch den Punkt D hindurch _____ weiter.

Zeichnung 2:

Gegeben sind 2 _____.

Beide Strecken haben einen _____ und

einen _____.

Die Strecken werden bezeichnet mit _____ und _____.

2. Beschreibe die Zeichnung. Verwende die Satzteile aus dem Kasten.

> 2 Geraden a und b – schneiden sich –
> ein Schnittpunkt – Punkt Q liegt auf ... –
> Punkt R liegt auf ... –
> Punkt S liegt weder auf ... noch auf ...

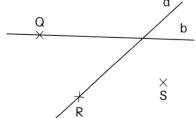

Gegeben sind _____

_____

_____.

Die Senkrechte

h ⊥ g

die Senkrechte h

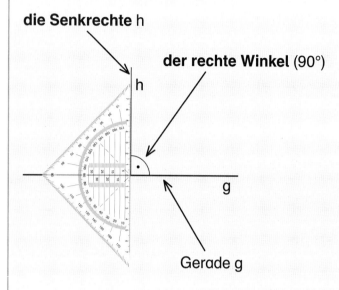

der rechte Winkel (90°)

Gerade g

man spricht: „h ist **senkrecht** zu g"

So kann ich es sagen:

Die Gerade h ist die _____ zur Geraden g. Man kann auch

sagen: h steht _____ zu g.

Senkrecht bedeutet: Die beiden Geraden bilden einen _____.

Ein _____ wird mit einem Bogen und einem Punkt gezeichnet.

Man schreibt: _____. Das bedeutet: Die Gerade g ist

_____ zur Geraden h.

Melanie Bettner: Mathematikunterricht ohne sprachliche Hürden 5/6
© Auer Verlag

Die Senkrechte

1. a) Wie zeichnet man eine Senkrechte? Schreibe die Sätze aus den Satzstreifen zum richtigen Bild.

> Ich **zeichne** eine zweite **Gerade**. So **entsteht** ein **rechter Winkel**.

> Ich **lege** das **Geodreieck** wie abgebildet auf die Gerade.   Ich **zeichne** eine **Gerade**.

> Ich **kennzeichne** den **rechten Winkel** mit einem Bogen und einem Punkt.

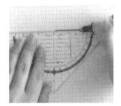 1. _____

_____

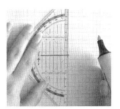 2. _____

_____

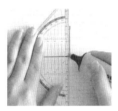 3. _____

_____

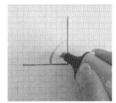 4. _____

_____

b) Markiere in den Texten 1. bis 4. die fett gedruckten Wörter aus den Satzstreifen in grün.

2. Welcher Turm ist senkrecht zur Straße gebaut?
   a) Schreibe die Überschrift „senkrecht" über den richtigen Turm.

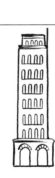

b) Beschrifte die Straße als Gerade g. Zeichne auf die Antenne an einer beliebigen Stelle den Punkt P. Zeichne die Senkrechte zu g, die durch den Punkt P verläuft, nenne sie h. Den Punkt, in dem sich die 2 Geraden schneiden, nennst du F. Denke an das Zeichen für „rechter Winkel".

> rechtwinklig schneiden sich in einem Punkt F die Geraden g und h

c) Begründe in ganzen Sätzen, warum der Turm, über den du die Überschrift geschrieben hast, senkrecht ist. Die Wörter im Kasten helfen dir.

_____

_____

Die Parallele

Man zeichnet eine Parallele mit den **Hilfslinien** auf dem Geodreieck.

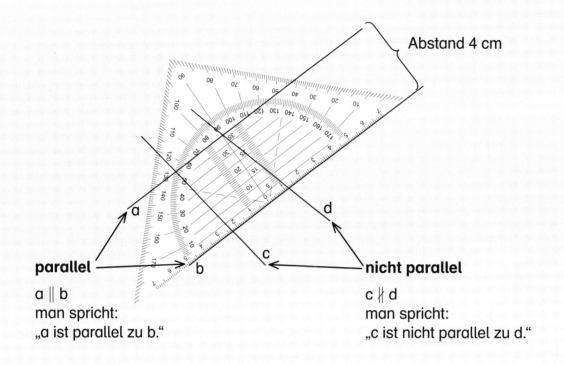

Abstand 4 cm

parallel

a ∥ b
man spricht:
„a ist parallel zu b."

nicht parallel

c ∦ d
man spricht:
„c ist nicht parallel zu d."

So kann ich es sagen:

Die Geraden a und b haben überall den gleichen _____ zueinander.

Sie haben keinen Schnittpunkt. Sie sind _____.

Man schreibt: _____ und man spricht: _____.

c _____ d heißt: c ist _____ zu d.

Man zeichnet Parallelen mit den _____ des Geodreiecks.

Melanie Bettner: Mathematikunterricht ohne sprachliche Hürden 5/6

Die Parallele

1. Bilde mithilfe der Kästen 2 sinnvolle Sätze und schreibe sie auf.

2 Geraden	einen keinen	Schnittpunkt	parallel nicht parallel

Wenn 2 Geraden _____

_____

_____

_____

2. a) Welche Zeichnung wird beschrieben?

> Die Gerade h ist die Parallele zur Geraden g. g verläuft durch den Punkt P.
> Die Geraden haben einen Abstand von 15 mm.

Antwort: _____

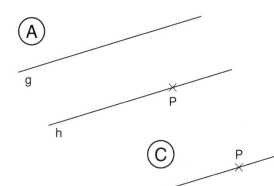

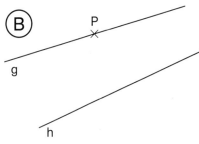

b) Beschreibe selbst eine der verbleibenden Zeichnungen mit deinen Worten. Denke an die mathematischen Fachbegriffe.

_____

_____

_____

3. Kreuze die richtigen Antworten an.

- ☐ 2 Geraden, die unterschiedliche Abstände zueinander haben, nennt man parallel.
- ☐ 2 Geraden, die überall denselben Abstand haben, nennt man parallel.
- ☐ 2 Geraden, die keinen Schnittpunkt haben, sind parallel.
- ☐ 2 Geraden, die einen Schnittpunkt haben, sind parallel.

Die Achsensymmetrie

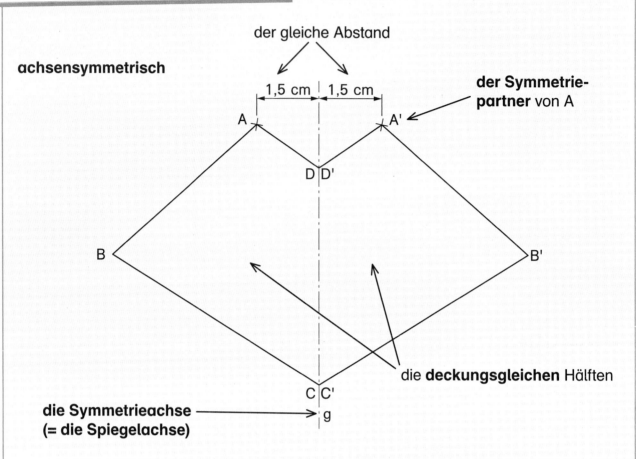

achsensymmetrisch

der gleiche Abstand

1,5 cm | 1,5 cm

A | A'

der Symmetrie-partner von A

D | D'

B | B'

die **deckungsgleichen** Hälften

C | C'
g

die Symmetrieachse
(= die Spiegelachse)

So kann ich es sagen:

Wenn man eine Figur entlang einer Linie faltet und beide Hälften genau aufeinander

passen, sind die Hälften _____.

Die Figur ist _____.

Die Linie, an der etwas gespiegelt wird, nennt man _____

oder _____.

A und A' haben den gleichen _____ zur Achse.

A' heißt dann _____ von A.

Die Verbindungslinie zwischen den beiden Punkten A und A' verläuft

_____ zur Symmetrieachse.

Melanie Bettner: Mathematikunterricht ohne sprachliche Hürden 5/6

Die Achsensymmetrie

1. a) Zeichne, wenn möglich, die Symmetrieachse ein.

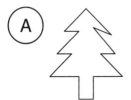 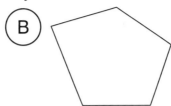 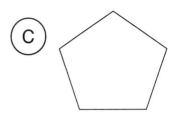

   b) Bei welchen Figuren kannst du keine Symmetrieachse zeichnen? Woran hast du das erkannt? Schreibe auf.

   _____

   _____

   _____

   _____

2) a) Welche Personen haben achsensymmetrische Figuren gezeichnet? Kreuze an.

   ☐ Sophie sagt: „Ich habe meine Figur in der Mitte gefaltet. Die beiden Hälften passten nicht genau aufeinander."

   ☐ Jonas sagt: „Ich habe meine Figur in der Mitte gefaltet. Dann lagen 2 deckungsgleiche Hälften aufeinander."

   ☐ Emir sagt: „Ich habe meine Figur in der Mitte gefaltet. Alle an der Symmetrieachse gespiegelten Punkte hatten den gleichen Abstand zur Achse."

   b) Begründe, warum die angekreuzten Personen achsensymmetrische Figuren gezeichnet haben. Woran hast du das erkannt?

   _____

   _____

   _____

3. a) Der Symmetriepartner von A ist B und umgekehrt. Wie heißt der Symmetriepartner von D? Antworte in einem ganzen Satz.

   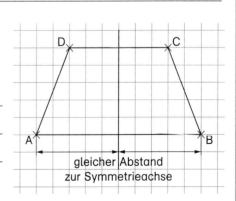

   gleicher Abstand zur Symmetrieachse

   _____

   _____

   _____

   b) Woher weißt du, dass A der Symmetriepartner von B ist? Die Zeichnung und Beschreibung rechts können dir helfen.

   _____

   _____

Die geometrischen Körper

Ein Körper hat 3 Dimensionen: die Länge, die Breite, die Höhe.

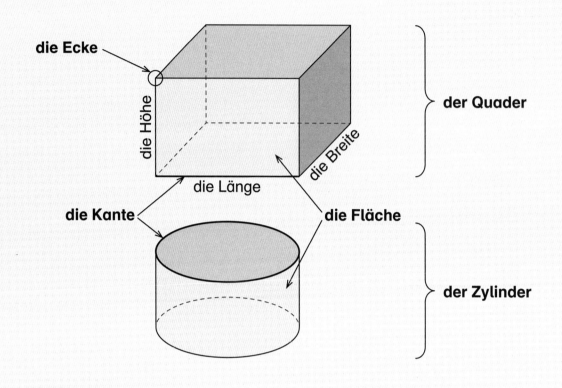

So kann ich es sagen:

Die abgebildeten geometrischen Körper heißen _____ und

_____ .

Ein geometrischer Körper besteht aus _____ .

Die Stelle, an denen Flächen aneinanderstoßen, nennt man _____ .

Die Stelle, an denen mehrere Kanten zusammenstoßen, nennt man _____ .

Jeder Körper besitzt andere Eigenschaften, zum Beispiel die Form und Anzahl der Flächen, die Anzahl der Kanten und Ecken, ...

Außer den abgebildeten Körpern gibt es noch andere geometrische Körper, nämlich

_____ , ...

Melanie Bettner: Mathematikunterricht ohne sprachliche Hürden 5/6

Die geometrischen Körper

1. Zeichne die Körper in den Kästen fertig und schreibe den passenden Namen über jeden Körper.

2. Untersuche die einzelnen Körper und beschreibe folgende Eigenschaften:
   - die Anzahl der Ecken, Kanten und Flächen;
   - die geometrische Form der Flächen (rechteckig, quadratisch, kreisförmig);
   - die Größe und Länge der gegenüberliegenden Kanten und der gegenüberliegenden Flächen (gleich groß / gleich lang).

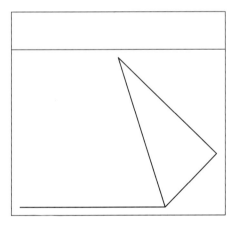

Der _____ hat 6 Flächen,

_____ Kanten und _____ Ecken.

Alle 6 Seitenflächen sind _____.

Gegenüberliegende Flächen sind _____.

Gegenüberliegende Kanten sind _____.

Der Quader und der Würfel

der Quader

die Ecke   die Kante   die Fläche **(rechteckig)**

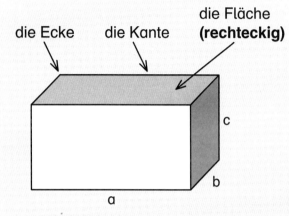

der Würfel

die Ecke   die Kante   die Fläche **(quadratisch)**

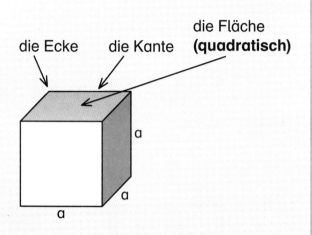

So kann ich es sagen:

Die abgebildeten Körper nennt man _____ und _____.

Beide Körper haben 12 _____, 8 _____ und 6 _____.

2 aufeinanderstoßende Flächen bilden eine _____.

3 aufeinanderstoßende Kanten bilden eine _____.

Die 6 Flächen des Quaders sind _____. Je 2 gegenüberliegende Flächen sind gleich _____.

Die 6 Flächen des Würfels sind _____. Alle Flächen sind gleich _____.

Gegenüberliegende Flächen sind _____ zueinander.

Melanie Bettner: Mathematikunterricht ohne sprachliche Hürden 5/6

Der Quader und der Würfel

1. Schreibe über die Körper die richtigen Namen. Markiere bei den Körpern jeweils eine Ecke, eine Kante und eine Fläche. Verbinde deine Markierung mit dem richtigen Begriff.

der Quader – der Würfel

_____   _____

die Ecke

die Kante

die Fläche

2. Ergänze die Lückentexte. Verwende für a) und b) die Begriffe unten im Kasten.

> 8 – Flächen – parallel – parallel – Quadraten – 6 –
> 4 – senkrecht – alle – Rechtecken – 12

   a) Gemeinsamkeiten von Quader und Würfel

   Quader und Würfel haben jeweils <u>8</u> Ecken, _____ Kanten und _____ Flächen.

   Nachbarkanten stehen _____ zueinander.

   Gegenüberliegende Kanten sind _____ zueinander.

   Gegenüberliegende _____ sind gleich groß.

   Gegenüberliegende Flächen sind _____ zueinander.

   b) Unterschiede von Quader und Würfel

   Quader:

   Jeweils _____ Kanten sind gleich lang.

   Er wird von jeweils 6 _____ begrenzt.

   Würfel:

   _____ Kanten sind gleich lang.

   Er wird von 6 _____ begrenzt.

3. Entdeckeraufgabe
   Ist der Quader auch ein Würfel? Schreibe deine Antwort in die linke oder rechte Spalte. Stellt euer Ergebnis anschließend in der Klasse vor.

Nein, weil ...	Ja, weil ...

Das Schrägbild

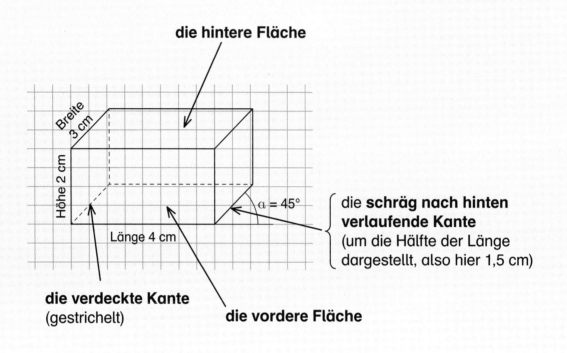

die hintere Fläche

Breite
3 cm

Höhe 2 cm

Länge 4 cm

α = 45°

die **schräg nach hinten
verlaufende Kante**
(um die Hälfte der Länge
dargestellt, also hier 1,5 cm)

die **verdeckte Kante**
(gestrichelt)

die **vordere Fläche**

So kann ich es sagen:

Um einen Quader oder einen Würfel auf Papier darzustellen, zeichnet man ein

_____.

Für Schrägbilder gilt:

1. Zuerst zeichnet man die _____ mit den richtigen Maßen:
   Länge 4 cm, Höhe 2 cm.

2. Dann zeichnet man die Kanten, die _____ nach hinten verlaufen. Die
   gegebene Länge 3 cm wird dabei um die _____ verkürzt. Ich zeichne
   _____ nach schräg hinten. Der Winkel beträgt 45°.
   Die Kanten, die man nicht sehen kann, nennt man _____.
   Man zeichnet sie _____.

3. Am Schluss zeichnet man die _____ Fläche.

Melanie Bettner: Mathematikunterricht ohne sprachliche Hürden 5/6

Das Schrägbild

1. Zeichne in 3 Schritten das Schrägbild eines Quaders mit folgenden Kantenlängen:
   (Länge = 4 cm, Breite = 3 cm, Höhe = 1,5 cm).
   Beschreibe nach jedem Schritt, was du bei dem Schrägbild gezeichnet hast. Schreibe
   vollständige Sätze. Verwende die Wörter im Kasten.

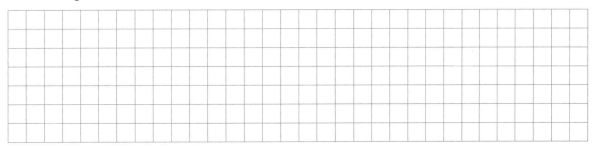

1. Schritt:

Zuerst zeichne ich _____ .

_____

~~zeichnen~~ vordere Fläche mit den richtigen Maßen

2. Schritt:

Dann _____

_____

_____

_____

zeichnen – 45°-Winkel – die schräg nach hinten verlaufenden Kanten – nur halb so lang dargestellt – verdeckte Kanten – gestrichelt

3. Schritt:

Am Schluss _____

_____

zeichnen hintere Fläche

2. Theresa hat zu einem Quader (Länge = 3 cm, Breite = 2 cm, Höhe = 1 cm) verschiedene Schrägbilder gezeichnet.
   a) Nur ein Bild ist richtig gezeichnet. Streiche das falsche Schrägbild durch.

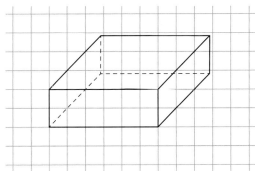   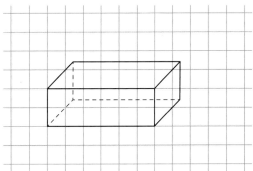

   b) Woran hast du das richtig gezeichnete Bild erkannt? Schreibe auf.

_____

_____

Der Kreis

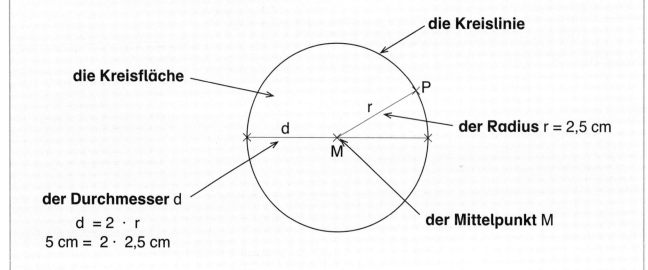

die Kreislinie

die Kreisfläche

der Radius r = 2,5 cm

der Durchmesser d

d = 2 · r

5 cm = 2 · 2,5 cm

der Mittelpunkt M

So kann ich es sagen:

Die von der Kreislinie eingeschlossene Fläche heißt _____.

Der Punkt M ist der _____ des Kreises.

Den Abstand zwischen einem beliebigen Punkt (z. B. Punkt P) auf der Kreislinie und dem Mittelpunkt des Kreises nennt man _____ (r).

Die Strecke, die durch den Mittelpunkt geht und 2 Kreispunkte verbindet, nennt man _____ (d).

Der Durchmesser ist doppelt _____ wie der Radius.

Den Durchmesser zu berechnen bedeutet also: Ich multipliziere den _____ (2,5 cm) mit 2.

Melanie Bettner: Mathematikunterricht ohne sprachliche Hürden 5/6

Der Kreis

1. Verbinde die Zeichnungen mit den richtigen Begriffen.

Das ist der Radius.

Das ist der Durchmesser.

Das ist die Kreisfläche.

Das ist der Mittelpunkt.

Das ist die Kreislinie.

2. Fülle die Lücken. Verwende die Wörter aus dem Kasten.

> Durchmesser – Radius – Kreisfläche – Radius – Durchmesser – Mittelpunkt

Alle Punkte, die auf der Kreislinie liegen, sind vom _____ gleich

weit entfernt.

Jede Strecke vom Mittelpunkt zu einem Punkt der Kreislinie heißt _____.

Eine Strecke, die durch den Mittelpunkt geht und 2 Punkte der Kreislinie verbindet,

heißt _____.

Der _____ ist doppelt so lang wie der _____.

Die von der Kreislinie eingeschlossene Fläche heißt _____.

3. Entdeckeraufgabe
   Zeichne mit dem Zirkel einen Kreis um den Mittelpunkt M
   mit dem Radius r = 2 cm.
   Beschreibe, wie du vorgegangen bist. Benutze für deine
   Beschreibung die Wörter aus dem Kasten.
   Welchen Durchmesser d hat der Kreis? _____

   > Zirkelgröße einstellen –
   > Lineal – Radius – Kreis
   > zeichnen

   Hier ist Platz für deine Zeichnung: Hier ist Platz für deine Beschreibung:

   _____

   _____

   _____

   _____

   _____

   _____

Der Scheitel und die Schenkel

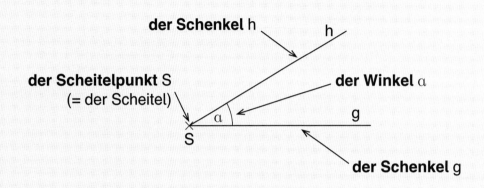

der Schenkel h

der Scheitelpunkt S
(= der Scheitel)

der Winkel α

g

S

der Schenkel g

So kann ich es sagen:

Die beiden Halbgeraden schließen den _____ ein.

Der gemeinsame Anfangspunkt der beiden Halbgeraden heißt _____ oder

kurz gesprochen _____.

Die beiden Halbgeraden, die vom Scheitelpunkt aus starten, werden

_____ des Winkels genannt.

In der Zeichnung heißt der _____ S und

die _____ g und h.

Melanie Bettner: Mathematikunterricht ohne sprachliche Hürden 5/6

Der Scheitel und die Schenkel

1. Schreibe die Fachbegriffe in die richtigen Kästchen.

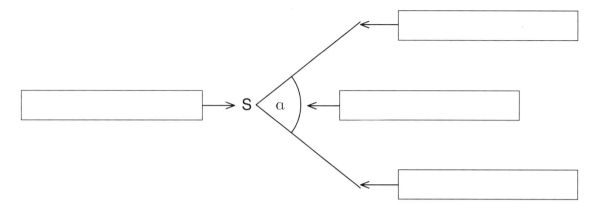

2. Beantworte die Fragen in ganzen Sätzen.

   a) Wie nennt man die beiden Halbgeraden, die einen Winkel bilden?

   _____

   b) Wie nennt man den gemeinsamen Anfangspunkt der beiden Schenkel, die einen

   Winkel bilden? _____

3. Entdeckeraufgabe
   a) Lege mit 2 Streichhölzern als Schenkel einen beliebigen Winkel. Der Scheitelpunkt sollte in der Mitte des Kästchens liegen. Zeichne die Linien entlang der Streichhölzer mit einem Lineal nach, sodass der Winkel deutlich zu sehen ist. Nenne den Scheitelpunkt S.

   b) Verlängere jetzt mit dem Lineal (über das Kästchen hinaus) beide Schenkel auf die Länge von jeweils 2 Streichhölzern. Verändert sich die Größe des Winkels, wenn die Schenkellänge verändert wird?

   _____

   _____

Der Winkel

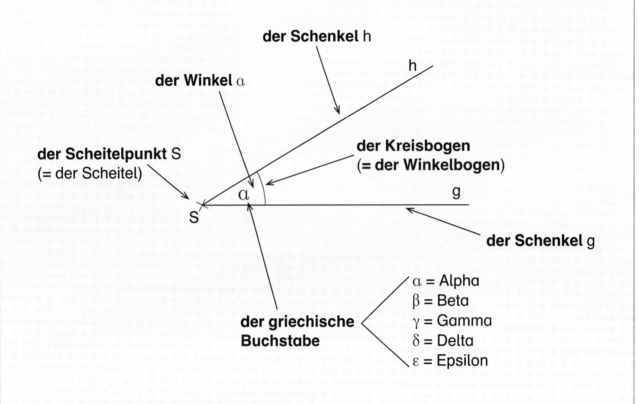

der Schenkel h

der Winkel α

der Scheitelpunkt S
(= der Scheitel)

der Kreisbogen
(= der Winkelbogen)

g

der Schenkel g

**der griechische
Buchstabe**

α = Alpha
β = Beta
γ = Gamma
δ = Delta
ε = Epsilon

So kann ich es sagen:

2 Schenkel h und g mit dem gemeinsamen Anfangspunkt S schließen den

_____ ein.

Es gibt 2 Möglichkeiten, wie der Winkel α durch Drehung der Schenkel entsteht:

1. Winkel α entsteht, wenn man den Schenkel _____ gegen den Uhrzeigersinn (links-

   herum) um seinen Scheitelpunkt S bis zum Schenkel _____ dreht.

2. Winkel α entsteht, wenn man den Schenkel _____ im Uhrzeigersinn (rechtsherum)

   um seinen Scheitelpunkt S bis zum Schenkel _____ dreht.

   Den Bogen, durch den ein Winkel gekennzeichnet wird, nennt man

   _____ oder _____.

   Winkel werden mit _____ Buchstaben bezeichnet. Sie werden

   folgendermaßen gesprochen:

   α = _____ , β = _____ , γ = _____ , δ = _____ , ε = _____ .

Melanie Bettner: Mathematikunterricht ohne sprachliche Hürden 5/6

Der Winkel

1. Winkel zeichnen und Fachbegriffe kennen
   a) Spreize deine Finger und erzeuge einen Winkel.
   - Lege deine Hand mit geschlossenen Fingern auf das leere Feld.
   - Spreize deinen Mittelfinger und den Ringfinger.
   - Zeichne den größtmöglichen Winkel auf, welchen du mit deinen Fingern spreizen kannst.
   - Ziehe die beiden entstandenen Linien mit einem Lineal nach, sodass der **Scheitelpunkt S** deutlich zu sehen ist.
   - Beschrifte die **Schenkel** mit den Kleinbuchstaben a und b.
   - Kennzeichne den entstandenen **Winkel** mit einem **Kreisbogen**.
   - Beschrifte den Winkel mit dem **griechischen Buchstaben Beta**.

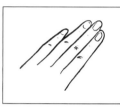

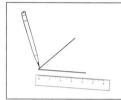

   b) Markiere deine Zeichnung in den angegebenen Farben.

   | Schenkel | = blau | Scheitelpunkt | = grün |
   | Kreisbogen | = rot | griechischer Buchstabe | = schwarz |

   c) Beschrifte deine Zeichnung mit den fett gedruckten mathematischen Fachbegriffen.

   d) Erkläre mit deinen Worten:
   - Wie entsteht der Winkel β durch Drehung des Schenkels a?
   - Wie entsteht der Winkel β durch Drehung des Schenkels b?
   Verwende die Satzteile aus dem Kasten.

   _____

   _____

   _____

   _____

   _____

   > Der Winkel … entsteht
   > Schenkel …
   > im Uhrzeigersinn
   > gegen den Uhrzeigersinn
   > um ihren Anfangspunkt S
   > bis zum Schenkel … dreht

Die Winkelarten

der Vollwinkel

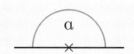
der gestreckte Winkel

der rechte Winkel

der spitze Winkel

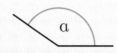
der stumpfe Winkel

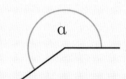
der überstumpfe Winkel

So kann ich es sagen:

Es gibt 6 _____. Sie hängen von der Größe des Winkels ab.

Name	Winkelgröße
spitzer Winkel	
rechter Winkel	
stumpfer Winkel	
gestreckter Winkel	
überstumpfer Winkel	
Vollwinkel	

Melanie Bettner: Mathematikunterricht ohne sprachliche Hürden 5/6

Die Winkelarten

1. a) Kennzeichne jeweils die gesuchte Winkelart in den Figuren und den Zeichnungen durch einen Kreisbogen. Zeichne den Kreisbogen mit einem farbigen Stift ein.
   b) Beschreibe in ganzen Sätzen, woran du die verschiedenen Winkelarten erkennst. Verwende die Wörter unten im Kasten.

> 2 Schenkel bilden eine Gerade – ist größer als – 2 Schenkel fallen zusammen – ist kleiner als – 2 Schenkel stehen senkrecht aufeinander

Winkelarten	Beschreibung
der spitze Winkel	
der rechte Winkel	
der stumpfe Winkel	
der gestreckte Winkel	
der überstumpfe Winkel	
der Vollwinkel	

Einen Winkel messen

das Geodreieck

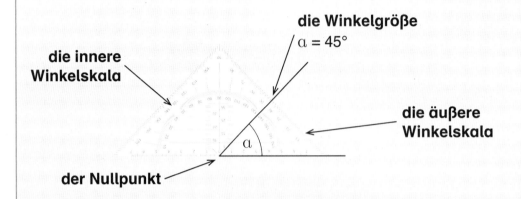

die Winkelgröße
α = 45°

die innere Winkelskala

die äußere Winkelskala

der Nullpunkt

α

Messen eines Winkels:

1. Das Geodreieck an den Scheitelpunkt des Winkels α anlegen.
2. Winkelskala auswählen (innere oder äußere).
3. Die Winkelgröße ablesen.

So kann ich es sagen:

Mit dem _____ kann man Winkel messen.

Das Geodreieck besitzt eine _____ und eine _____ Winkelskala, jeweils von 0° bis 180°.

Auf der inneren und äußeren Skala kann man die _____ ablesen.

Die Winkelgröße wird in _____ (°) angegeben.

Einen Winkel messen bedeutet:

1. Ich lege den Nullpunkt des Geodreiecks exakt an den

   _____ des Winkels α an.

2. Die innere oder äußere Winkelskala _____.

3. Jetzt kann ich die _____ _____.

Melanie Bettner: Mathematikunterricht ohne sprachliche Hürden 5 / 6

Einen Winkel messen

1. Ergänze den Lückentext zum Messen eines Winkels. Verwende die Wörter unten im Kasten. Gib den griechischen Buchstaben und die Winkelgröße selbst an.

> Nullpunkt – inneren – äußeren – α – ablesen – 35° –
> Winkelgröße – auswählen – null – anlegen – Scheitelpunkt – innere

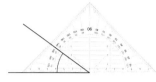

a) Das Geodreieck exakt _____:

Ich lege den _____ des Geodreiecks an den

_____ des Winkels an.

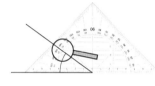

b) Die Winkelskala _____:

Ich schaue, ob ich den Winkel von der _____

oder von der _____ Skala ablese.

Die Skala, die an dem Schenkel bei _____ beginnt, ist die

richtige. Links im Bild muss ich also die _____

Skala betrachten.

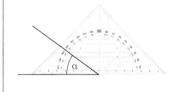

c) Die Winkelgröße _____:

Ich lese die _____ auf der Skala ab und

notiere sie.

Der Winkel _____ hat die Größe _____.

- -

2. Miss die Größe des folgenden Winkels.
   Schreibe eine eigene Anleitung, wie du den Winkel misst. Falte das Blatt an der gestrichelten Linie nach hinten. Benutze für deine Anleitung die Wortspeicherkarte.

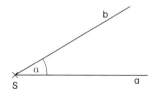

1. _____

   _____

   _____

2. _____

   _____

   _____

3. _____

   _____

   _____

So kann ich es sagen:

Das Bild zeigt einen Ausschnitt von einem **Zahlenstrahl**.

Auf dem Zahlenstrahl stehen die **natürlichen** Zahlen nach der **Größe** geordnet.

Je weiter man auf dem Zahlenstrahl nach **rechts** geht, desto **größer** werden die Zahlen.

149 steht **links von** 158. 149 ist **kleiner als** 158.

163 steht **rechts von** 156. 163 ist **größer als** 156.

Zu jeder Zahl gibt es einen **Vorgänger** und einen **Nachfolger**.

Die **Skalierung** ist in Einer-Schritten dargestellt.

Aufgabenseite:

1. a) 436 ist ~~größer~~ *kleiner* als 439.

    b) Auf dem Zahlenstrahl stehen natürliche Zahlen. ✔

    c) Die Zahlen stehen nach der Größe geordnet auf dem Zahlenstrahl. ✔

    d) Du gehst von 423 eins nach rechts. Du erhältst den ~~Vorgänger~~ *Nachfolger*.

    e) Die Zahl 440 steht ~~links~~ *rechts* von der Zahl 439.

    f) Du gehst von 412 eins nach rechts. Du erhältst den Nachfolger. ✔

    g) Die Skalierung beim oben abgebildeten Zahlenstrahl ist in ~~Zehner-Schritten~~ *Einer-Schritten*.

    h) Der ~~Nachfolger~~ *Vorgänger* von 409 ist 408.

    i) Du erhältst den Nachfolger, wenn du zu einer Zahl + 1 addierst. ✔

2. **Man kann die Skalierung zum Beispiel in Tausender-Schritten zeichnen.**

3. a), b), c)

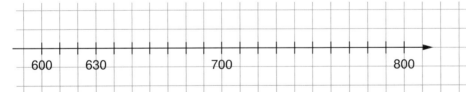

    c) **Den Nachfolger 631 kann man nur ungefähr eintragen. Die Skalierung ist zu groß, ein Kästchen entspricht einem Zehner-Schritt.**

    d) z. B. **610**
        Mögliche Sätze:
        * **610 steht links von 630. 610 ist kleiner als 630.**
        * **630 steht rechts von 610. 630 ist größer als 610.**

Melanie Bettner: Mathematikunterricht ohne sprachliche Hürden 5/6

Lösungen

So kann ich es sagen:

Wichtige Informationen können bildlich in einem **Säulendiagramm** dargestellt werden.

Auskunft über das Thema des Diagramms gibt der **Diagrammtitel**.

Die nach rechts zeigende Achse heißt **x-Achse**.

Die nach oben zeigende Achse heißt **y-Achse**.

Die Beschriftungen „Snack" und „Anzahl der Kinder" nennt man **Achsenbeschriftung**.

Diagramme werden verwendet, um Werte zu **vergleichen**.

Aus dem Diagramm kann man ablesen: Äpfel werden **am wenigsten/am seltensten** gegessen, Schokoriegel **am meisten/am häufigsten**.

Aufgabenseite:

1. a) Diagrammart: Abgebildet ist ein **Säulendiagramm**.

    Diagrammtitel: Das Diagramm gibt Auskunft über **die beliebtesten Sportarten der Klasse 5c.**

    Achsen-
    beschriftung: An der x-Achse stehen **die Sportarten.**
    An der y-Achse steht **die Anzahl der Schüler.**
    Ein Kästchen entspricht einem Kind.

    Werte ver-
    gleichen: Die **meisten** Schüler spielen Fußball.
    Die **wenigsten** Schüler turnen.

  b) Diagrammart: Abgebildet **ist ein Säulendiagramm.**

    Diagrammtitel: Das Diagramm **gibt Auskunft über die Anzahl der Besucher des Zirkus.**

    Achsen-
    beschriftung: An **der x-Achse stehen die Wochentage.**
    An **der y-Achse steht die Anzahl der Besucher.**
    Ein Kästchen entspricht **50 Besuchern.**

    Werte ver-
    gleichen: **Die meisten Besucher sind am Samstag gekommen. Die wenigsten Besucher sind am Mittwoch gekommen.**

2.   **Die Lieblingsfarben von Kindern**

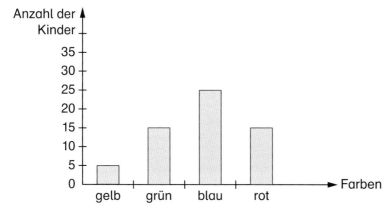

So kann ich es sagen:

Wenn du Zahlen nicht ganz genau angeben musst, kannst du sie **runden**.

Die Zahl, auf die gerundet werden soll, nennt man **Rundungsstelle**.

Die Ziffer **rechts** neben der Rundungsstelle sagt dir, ob du aufrunden oder abrunden musst.

Abrunden bedeutet: Ist die Ziffer rechts neben der **Rundungsstelle** kleiner als 5, runde ich ab. Die Rundungsstelle **bleibt also gleich**.	Aufrunden bedeutet: Ist die Ziffer rechts neben der Rundungsstelle **größer oder gleich** 5, runde ich auf. Die Rundungsstelle wird dann **um 1 erhöht**.

Beim Aufrunden und beim Abrunden gilt: Alle Ziffern rechts von der Rundungsstelle **werden zu Nullen**.

Aufgabenseite:

1. a)
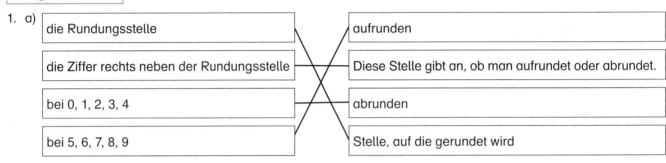

   b) Die Rundungsstelle ist die Stelle, auf die gerundet wird.
   Die Ziffer rechts neben der Rundungsstelle gibt an, ob man aufrundet oder abrundet.
   Bei 0, 1, 2, 3, 4 rundet man ab.
   Bei 5, 6, 7, 8, 9 rundet man auf.

2. a) • Die Rundungsstelle ist eine **2**.
       • Die Ziffer rechts neben der Rundungsstelle ist eine **5**.
       • Ich muss also **aufrunden**.
       • Die Hunderterstelle **wird um 1 erhöht**.
       • Die gerundete Zahl lautet **300**.
   b) **Die Rundungsstelle ist eine 7.**
      Die Ziffer rechts neben der Rundungsstelle ist eine 2.
      Ich muss also abrunden.
      Die Tausenderstelle bleibt gleich.
      Die gerundete Zahl lautet 7 000.

3. a) $8487 \approx \mathbf{8000}$ $8687 \approx \mathbf{9000}$
   b) • wenn die Ziffer rechts daneben kleiner als 5 ist?
         Die Rundungsstelle **bleibt gleich**.
       • wenn die Ziffer rechts daneben 5 oder größer als 5 ist?
         Die Rundungsstelle **wird um 1 erhöht**.
   c) Alle Ziffern rechts von **der Rundungsstelle werden zu Nullen**.

So kann ich es sagen:

$\frac{3}{4}$ ist ein **Bruch**.

$\frac{3}{4}$ wird gelesen: **drei Viertel**.

Ein Bruch wird durch zwei Zahlen dargestellt, die durch einen **Bruchstrich** voneinander getrennt sind.

Die Zahl unter dem Bruchstrich nennt man **Nenner**. Er gibt an, in wie viele **gleich große Teile** ein Ganzes geteilt wurde.

Die Zahl über dem Bruchstrich nennt man **Zähler**. Er nennt die Anzahl der **Bruchteile**, die du vom Ganzen nimmst.

Man kann einen Bruch in einer **Grafik** darstellen.

Aufgabenseite:

1.

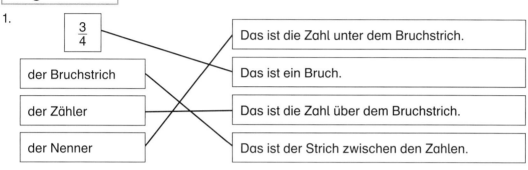

2. $\frac{3}{16}$

3.

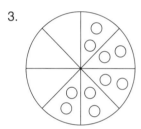

4. Hier sind viele Lösungen möglich. Beispiel: **Jasmin kauft sich 3 Schokoriegel. 2 davon isst sie gleich auf.**

5. a) **Von insgesamt 5 Kästchen wurden 3 grau markiert.** $(= \frac{3}{5})$

   b) Hier sind viele Lösungen möglich. Beispiel: **Von 5 Plätzen sind 3 besetzt.**

Das Erweitern und das Kürzen eines Bruches

S. 14 / 15

So kann ich es sagen:

Beim Erweitern wird die Einteilung **verfeinert**. Das bedeutet: Ich habe die gleiche Menge, aber **mehr Teile**.
Die Zahl, mit der man erweitert, nennt man **Erweiterungszahl**.
Rechnerisch bedeutet Erweitern: Ich **multipliziere** (·) Zähler und Nenner mit derselben **Zahl**.

Beim Kürzen wird die Einteilung **vergröbert**. Das bedeutet: Ich habe die gleiche Menge, aber **weniger Teile**.
Die Zahl, durch die man kürzt, nennt man **Kürzungszahl**.
Rechnerisch bedeutet Kürzen: Ich **dividiere** (:) Zähler und Nenner durch dieselbe **Zahl**.

Beim Erweitern und Kürzen eines Bruches bleibt der **Wert** des Bruches gleich. Man sagt: Die Brüche sind **gleichwertig**.

1. a) **Die Einteilung wurde verfeinert.**
   b) **Aus einem Teil hat man 3 gleich große Teile gemacht.**
   c) **drei Zwölftel**
   d) **Der Bruch wurde erweitert.**
   e) **Es wurde mit 3 erweitert./Es wurde mit der Erweiterungszahl 3 erweitert.**

2. a)

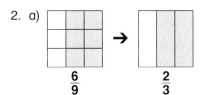

   $\dfrac{6}{9}$ → $\dfrac{2}{3}$

   b) **Die Einteilung wurde vergröbert.**
   c) **Aus 6 Teilen wurden 2 Teile gemacht.**
   d) **Der Bruch wurde gekürzt.**
   e) **Es wurde durch 3 gekürzt./Es wurde durch die Kürzungszahl 3 gekürzt.**

3. Der Wert eines Bruches bleibt beim Erweitern **gleich**.
   Es werden **mehr** Teile, dafür werden sie aber **kleiner**.

   Der Wert eines Bruches bleibt beim Kürzen **gleich**.
   Es werden **weniger** Teile, dafür werden sie **größer**.

Der Dezimalbruch   S. 16 / 17

So kann ich es sagen:

$\dfrac{75}{1\,000}$ ist ein **gewöhnlicher Bruch**.

Einen gewöhnlichen Bruch kann ich auch als **Dezimalbruch** schreiben:

Vor dem Komma stehen die **ganzen Zahlen**.

Nach dem Komma stehen die **Bruchteile** eines Ganzen.

Die erste Stelle nach dem Komma gibt die **Zehntel** an, die zweite Stelle
nach dem Komma gibt die **Hundertstel** an, die dritte Stelle nach dem
Komma gibt die **Tausendstel** an usw.
Brüche mit 10, 100, 1 000 usw. im Nenner kannst du sofort als Dezimalbruch schreiben.
Brüche mit anderem **Nenner** musst du so **erweitern** oder
kürzen, dass im Nenner **10, 100, 1 000 usw.** steht.

1.

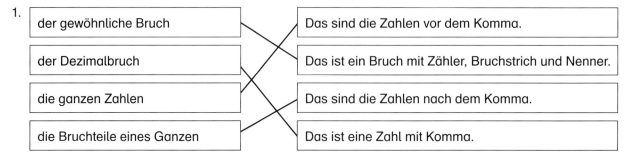

der gewöhnliche Bruch	Das sind die Zahlen vor dem Komma.
der Dezimalbruch	Das ist ein Bruch mit Zähler, Bruchstrich und Nenner.
die ganzen Zahlen	Das sind die Zahlen nach dem Komma.
die Bruchteile eines Ganzen	Das ist eine Zahl mit Komma.

Melanie Bettner: Mathematikunterricht ohne sprachliche Hürden 5/6

Lösungen

2. a), b)

Dezimalbruch	gewöhnlicher Bruch
0,52	$\dfrac{75}{1000}$

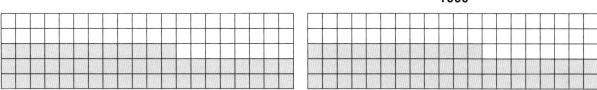

3.

ganze Zahl	Bruchteile eines Ganzen

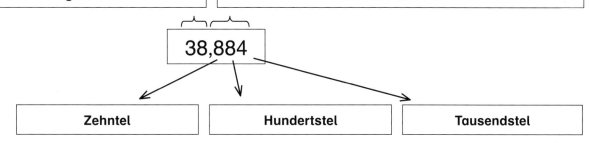

Zehntel	Hundertstel	Tausendstel

4. a) $\dfrac{6}{10} = 0,6$ $\dfrac{6}{100} = 0,06$ $\dfrac{6}{1000} = 0,006$ $\dfrac{6}{10\,000} = 0,0006$

b) $\dfrac{3}{10} = 0,3$ $\dfrac{41}{100} = 0,41$ $\dfrac{376}{1000} = 0,376$ $\dfrac{2584}{10\,000} = 0,2584$

c) **Die Anzahl der Nullen im Nenner gibt die Anzahl der Stellen nach dem Komma an.**

Die Länge   S. 18 / 19

So kann ich es sagen:

Auf dem Bild oben wird die Länge des Hundes mit einem **Messgerät** gemessen.

Die Zahl, die man bei der Längenmessung auf dem Messgerät abliest, nennt man **Maßzahl**. Hier ist sie 100.

Um die Länge des Hundes genau anzugeben, schreibt man hinter die Maßzahl eine **Längeneinheit/Maßeinheit**.
Die Länge des Hundes wird in **Zentimetern** gemessen.

Man kann 100 cm in eine größere Einheit **umwandeln/umrechnen**.

100 Zentimeter sind genauso **lang** wie 1 Meter.

Außer Zentimetern und Metern gibt es noch weitere Längeneinheiten, nämlich **Millimeter, Dezimeter, Kilometer**.

Aufgabenseite:

1.

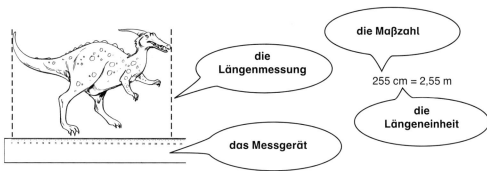

die Maßzahl

die Längenmessung

255 cm = 2,55 m

die Längeneinheit

das Messgerät

2. a) **Lisas Aussage ist richtig. Alle Flügel sind gleich lang, sie sind nur mit unterschiedlichen Längeneinheiten dargestellt.**

   b) **Um die Flügellängen besser vergleichen zu können, sollte man sie in dieselbe Längeneinheit umwandeln.**

3. **Lisas Vater denkt, dass sie das Zimmer in Schrittlängen gemessen hat. Lisa hätte eine Längeneinheit nennen müssen, also 7 m.**

Der Maßstab   S. 20 / 21

So kann ich es sagen:

Maßstab 1:10 wird gelesen: **eins zu zehn**.

Die Zahl vor dem Doppelpunkt bezieht sich auf **das Modellauto**.

Die Zahl hinter dem Doppelpunkt bezieht sich auf **die Wirklichkeit/das echte Auto** .

Das bedeutet: **1 cm** des Bildes sind **10 cm** in Wirklichkeit.

Beim Maßstab 1:10 wird die Wirklichkeit **verkleinert**.

Beim Maßstab 10:1 wird die Wirklichkeit **vergrößert**.

Aufgabenseite:

1. a) Maßstab 1:1   Das Bild und die Wirklichkeit sind **gleich groß**.

   b) Maßstab 1:4   Die Wirklichkeit wird **verkleinert**.

   c) Maßstab 4:1   Die Wirklichkeit wird **vergrößert**.

2. Ist die erste Zahl des Maßstabes kleiner als die zweite, wird die Originalgröße verkleinert/ ~~vergrößert~~.
   Ist die erste Zahl des Maßstabes größer als die zweite, wird die Originalgröße ~~verkleinert~~/ vergrößert.

3. a) Die kleinere Zeichnung muss durchgestrichen werden.

   b) **1:100**. Das bedeutet, 1 cm in der Zeichnung entspricht **100** cm, also **1** m, in der Wirklichkeit. Das Klassenzimmer muss in der Zeichnung also **8** cm lang und **5** cm breit sein.

   c) Hier sind viele Lösungen zu einer individuellen Zeichnung möglich. Beispielbeschreibung: **Mein Klassenzimmer ist 7 m lang und 5 m breit. Der Maßstab ist 1:100. Das Klassenzimmer muss in der Zeichnung also 7 cm lang und 5 cm breit sein.**

4. **Die Zahnräder im Mathematikbuch sind vergrößert dargestellt. Man erkennt das daran, dass die erste Zahl des Maßstabs größer ist als die zweite.**

Der Flächeninhalt   S. 22 / 23

So kann ich es sagen:

Ein Quadrat mit der Seitenlänge 1 cm nennt man **Zentimeterquadrat**.
Es hat den Flächeninhalt **1 cm² / ein Quadratzentimeter**.
Es lässt sich durch **gleich große Teilstücke** ersetzen.
Der Flächeninhalt bleibt derselbe.

Wenn man ermittelt, wie oft ein Zentimeterquadrat in eine Figur passt, erhält man das
Maß für den **Flächeninhalt**.

Melanie Bettner: Mathematikunterricht ohne sprachliche Hürden 5/6

In die Figur oben passen 3 ganze **Zentimeterquadrate** hinein.
2 Zentimeterquadrate sind durch 4 **Teilstücke** mit
demselben Flächeninhalt ersetzt worden.
Der Flächeninhalt der Figur beträgt also **5 cm²**.

5 cm² wird in Worten geschrieben: **fünf Quadratzentimeter**.
Außer Quadratzentimetern gibt es noch weitere Einheiten für den Flächeninhalt, nämlich
Quadratmillimeter, Quadratdezimeter, Quadratmeter, Ar, Hektar, Quadratkilometer.

Aufgabenseite:

1.

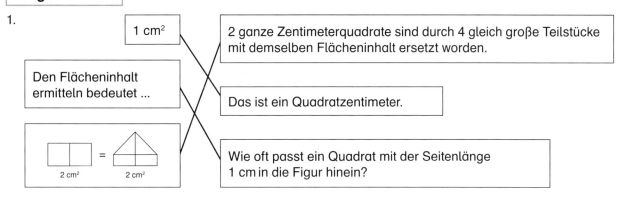

2. b) **Es sind 3 ganze Zentimeterquadrate und 4 gleich große Teilstücke übrig geblieben.**
   c) **Das sind 5 cm².**

3. a) Ich ermittle, wie oft **das Zentimeterquadrat in die Figur hineinpasst**.
   b) In die Figur passen **8 ganze Zentimeterquadrate. Weitere 2 Zentimeterquadrate sind durch 4 Teil-
      stücke mit demselben Flächeninhalt ersetzt worden.**

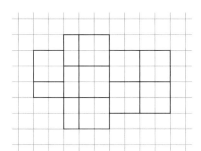

Der Oberflächeninhalt   S. 24 / 25

So kann ich es sagen:

Die äußeren 6 Flächen des Quaders bilden zusammen seine
Oberfläche.
Beim Quader sind gegenüberliegende **Flächen** gleich groß.

Den Oberflächeninhalt berechnen bedeutet: Ich muss
zweimal die Größe der **Grundfläche** (80 cm²) plus
zweimal die Größe der **Vorderfläche** (140 cm²) plus
zweimal die Größe der **Seitenfläche** (56 cm²) rechnen.

Die Flächeninhalte der Grundfläche, der Vorderfläche und der Seitenfläche kann man
mit den 3 Kantenlängen **Länge** (10 cm), **Breite** (4 cm) und **Höhe** (7 cm) ausrechnen.

Wenn man alle Flächeninhalte des Quaders addiert, erhält man den
Oberflächeninhalt (276 cm²).

1. a)

die Grundfläche

die Seitenfläche

13 cm

2 cm

10 cm

die Vorderfläche

b) Ich rechne den Oberflächeninhalt aus. Das mache ich, indem ich **mithilfe der Kantenlängen die Grundfläche, die Vorderfläche und die Seitenfläche ausrechne.**
Danach multipliziere ich die 3 Flächeninhalte jeweils mit 2. Ich addiere alle Flächeninhalte. So erhalte ich den Oberflächeninhalt.

c) **Die Grundfläche, die Vorderfläche und die Seitenfläche sind bei einem Quader immer doppelt vorhanden.**

d) **Grundfläche = 10 cm · 13 cm = 130 cm^2**
Vorderfläche = 10 cm · 2 cm = 20 cm^2
Seitenfläche = 13 cm · 2 cm = 26 cm^2
2 · Grundfläche + 2 · Vorderfläche + 2 · Seitenfläche = 260 cm^2 + 40 cm^2 + 52 cm^2 = 352 cm^2

e) **Ja, das Geschenkpapier reicht aus.**

Das Volumen	*S. 26 / 27*

So kann ich es sagen:

Einen Würfel mit der Kantenlänge 1 cm nennt man **Zentimeterwürfel.**
Er hat das Volumen **1 cm^3/ein Kubikzentimeter.**
Er lässt sich durch **Teilkörper** ersetzen.
Das Volumen bleibt dasselbe.

Wenn man ermittelt, wie oft ein Zentimeterwürfel in einen Körper passt, erhält man das Maß für das **Volumen.**

Ein anderes Wort für Volumen ist **Rauminhalt.**

In den Körper oben passen 4 ganze **Zentimeterwürfel** hinein.
Ein Zentimeterwürfel ist durch 2 **Teilkörper** mit demselben Volumen ersetzt worden.

Der abgebildete Körper hat das Volumen **5 cm^3.**
1 cm^3 wird in Worten gesprochen: **ein Kubikzentimeter.**

Außer Kubikzentimetern gibt es noch weitere Volumeneinheiten, nämlich
Kubikmillimeter, Kubikdezimeter, Kubikmeter.

Aufgabenseite:

1.

1 cm^3

Wie oft passt ein Würfel mit der Kantenlänge 1 cm in den Körper hinein?

Den Rauminhalt eines Körpers zu ermitteln, bedeutet ...

2 ganze Zentimeterwürfel sind durch 4 Teilkörper mit demselben Volumen ersetzt worden.

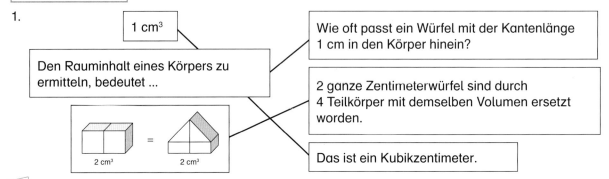

2 cm^3 =   2 cm^3

Das ist ein Kubikzentimeter.

Melanie Bettner: Mathematikunterricht ohne sprachliche Hürden 5/6

2. von oben nach unten: C, A, B

3. a) Ich ermittle, wie oft **ein Würfel mit der Kantenlänge 1 cm in den Körper hineinpasst.**
    b) Der Körper besteht aus **9 ganzen Zentimeterwürfeln. 1 Zentimeterwürfel wurde durch 2 Teilkörper mit demselben Volumen ersetzt.**
    c) **Der Körper hat das Volumen 10 cm³.**

Die Addition   S. 28 / 29

So kann ich es sagen:

568 + 70 ist eine **Additionsaufgabe.**

Das Pluszeichen (+) bedeutet: Ich muss den **ersten Summanden** (568)
und den **zweiten Summanden** (70) addieren.

Das Ergebnis einer Additionsaufgabe ist die **Summe** (638).

Anstelle von „addieren" kann man auch andere Wörter sagen:
plusrechnen, dazuzählen, hinzufügen, zusammenzählen.

Aufgabenseite:

1.
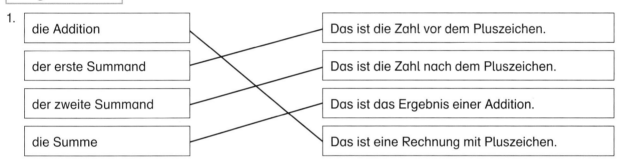

die Addition	Das ist die Zahl vor dem Pluszeichen.
der erste Summand	Das ist die Zahl nach dem Pluszeichen.
der zweite Summand	Das ist das Ergebnis einer Addition.
die Summe	Das ist eine Rechnung mit Pluszeichen.

2. a) Addiere fünf und sieben.
    b) Der erste Summand und der zweite Summand ergeben zusammen die Summe.
    c) Addiere den ersten Summanden und den zweiten Summanden.

3. a) Frage: Wie viele Personen sitzen jetzt im Bus?
        Rechnung: 20 + 5 = 25
        Antwort: Im Bus sitzen 25 Personen.
    b) Frage: Wie heißt die gedachte Zahl?
        Rechnung: 63 − 38 = 25 (Alternative: Ergänzen: 38 + wie viel ergibt 63?)
        Antwort: Die gedachte Zahl ist 25.
    c) Schreibe selbst eine kleine Textaufgabe zu 25 plus 12.
        Hier sind viele Lösungen möglich. Beispiel: 25 Schüler der Klasse 5a fahren ins Schullandheim. Aus der Klasse 5b kommen noch 12 Schüler mit.

Die Subtraktion   S. 30 / 31

So kann ich es sagen:

457 − 90 ist eine **Subtraktionsaufgabe.**

Das Minuszeichen (−) bedeutet: Ich muss den **Subtrahenden** (90)
vom **Minuenden** (457) subtrahieren.

Das Ergebnis einer Subtraktionsaufgabe ist die **Differenz** (367).

Anstelle von „subtrahieren" kann man auch andere Wörter sagen:
minusrechnen, abziehen, verringern, entfernen.

1. a), b)

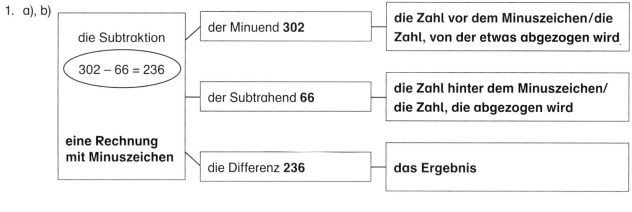

die Subtraktion

$302 - 66 = 236$

eine Rechnung
mit Minuszeichen

der Minuend **302** — die Zahl vor dem Minuszeichen/die Zahl, von der etwas abgezogen wird

der Subtrahend **66** — die Zahl hinter dem Minuszeichen/die Zahl, die abgezogen wird

die Differenz **236** — das Ergebnis

2. a)

	falsch	richtig
• Der Minuend und der Subtrahend sind vertauschbar.	☒	☐
• Das Ergebnis einer Subtraktionsaufgabe heißt Minuend.	☒	☐
• Wenn man den Subtrahenden vom Minuenden subtrahiert, erhält man die Differenz.	☐	☒

b) **Der Minuend und der Subtrahend sind nicht vertauschbar.
Das Ergebnis einer Subtraktionsaufgabe heißt Differenz.**

3. a) **400 – 150 = 250**
   b) **800 – 300 = 500**
   Wenn man den Minuenden und den Subtrahenden verdoppelt, verdoppelt sich auch die Differenz/das Ergebnis.
   c) Hier gibt es viele mögliche Lösungen. Beispiel:
   630 – 130 = 500
   1 260 – 260 = 1 000
   Auch hier verdoppelt sich die Differenz, wenn man den Minuenden und den Subtrahenden verdoppelt.

Die Multiplikation   S. 32/33

So kann ich es sagen:

7 · 58 ist eine **Multiplikationsaufgabe**.

Man erkennt eine Multiplikation an dem **Malzeichen** zwischen 2 Zahlen.

Das Malzeichen (·) bedeutet: Ich muss den **ersten Faktor** (7)
und den **zweiten Faktor** (58) multiplizieren.

Das Ergebnis einer Multiplikationsaufgabe ist das **Produkt** (406).

Anstelle von „multiplizieren" kann man auch andere Wörter sagen:
vervielfachen, malnehmen.

Aufgabenseite:

1.

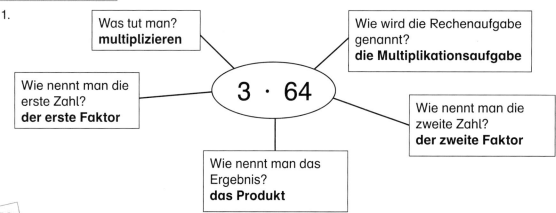

Was tut man?
multiplizieren

Wie wird die Rechenaufgabe genannt?
die Multiplikationsaufgabe

Wie nennt man die erste Zahl?
der erste Faktor

3 · 64

Wie nennt man die zweite Zahl?
der zweite Faktor

Wie nennt man das Ergebnis?
das Produkt

Lösungen

2. a) Wenn ich bei einer **Multiplikationsaufgabe den ersten** und **den zweiten Faktor multipliziere**, erhalte ich **das Produkt**.

   b) ☒ Der erste Faktor ist 4. Der zweite Faktor ist 20. Ich berechne das Produkt.

   ☐ Ich bilde das Produkt der Faktoren 20 und 80.

   ☒ Ich multipliziere den ersten und den zweiten Faktor.

   ☒ Das Produkt der Multiplikationsaufgabe ist 80.

3. a) 3 · 12 = **36**

   b) **12 · 3 = 36**

   c) Wenn **ich die Faktoren vertausche, bleibt das Produkt gleich.**

Die Division
S. 34 / 35

So kann ich es sagen:

408 : 4 ist eine **Divisionsaufgabe**.

Man erkennt eine Division an dem **Geteiltzeichen** zwischen 2 Zahlen.

Das Geteiltzeichen (:) bedeutet: Ich muss überlegen, wie oft der **Divisor** (4) in den **Dividenden** (408) passt.

Ebenso kann ich sagen: Ich teile den **Dividenden** (408) durch den **Divisor** (4).

Das Ergebnis einer Divisionssaufgabe ist der **Quotient** (102).

Anstelle von „dividieren" kann man auch andere Wörter sagen: **geteiltrechnen, aufteilen, teilen, verteilen.**

Aufgabenseite:

1. a) Die Zahl, die geteilt wird, nennt man **Dividend**.

   b) Die Zahl, durch die geteilt wird, nennt man **Divisor**.

   c) Das Ergebnis nennt man **Quotient**.

   d) Der Fachbegriff für „geteiltrechnen" heißt **dividieren**.

2. ☐ Die Divisionsaufgabe lautet 8 : 96.

   ☒ 96 ist der Dividend und 8 der Divisor.

   ☒ Man muss 96 durch 8 dividieren.

   ☒ Der Quotient ist 12. Das ist die Anzahl der Kühe, die in einer Gruppe sind.

3. Hier gibt es viele mögliche Lösungen. Beispiel:

   Textaufgabe: **3 Freunde machen gemeinsam ein Glücksspiel und gewinnen 321 Euro.**

   Frage: **Wie viel Geld gewinnt jeder von ihnen?**

   Rechnung: **321 € : 3 = 107 €**

   Antwort: **Jeder der 3 Freunde gewinnt 107 Euro.**

4.

   a) | Q | U | O | T | I | E | N | T |

   b) | D | I | V | I | D | E | N | D |

   c) | D | I | V | I | S | O | R |

   d) | G | E | T | E | I | L | T | Z | E | I | C | H | E | N |

   | E |

   e) | D | I | V | I | D | I | E | R | E | N | Lösung: **teilen**

Der Teiler

So kann ich es sagen:

15 ist ohne Rest durch 5 **teilbar**.

Wenn man eine Zahl (im Beispiel die 15) ohne Rest durch eine kleinere Zahl (z. B. 3) teilen kann, so nennt man diese kleinere Zahl einen **Teiler** von 15.

Man sagt: 3 ist **ein Teiler** von 15.
Man schreibt: **3 | 15** .

Alle Teiler, die man der Größe nach in einer Mengenklammer aufschreibt, nennt man die **Teilermenge**.

Aufgabenseite:

1.

teilbar	Er wird so genannt, weil man eine Zahl durch ihn ohne Rest teilen kann.	{1, 3, 7, 21}
der Teiler	Alle Teiler stehen der Größe nach geordnet in einer Mengenklammer.	$21 : 7 = 3$ 21 ist durch 7 teilbar.
die Teilermenge	Bei einer Divisionsaufgabe bleibt kein Rest.	7 ist Teiler von 21.

2. a) Hier sind viele Antworten möglich. Beispiel: **Wenn 3 ein Teiler von 16 ist, müsste 16 durch 3 ohne Rest teilbar sein. Ein Teiler ist also eine Zahl, die eine andere Zahl ohne Rest teilt.**
   b) **3 ist nicht Teiler von 16.**
   c) Hier sind viele Antworten möglich. Beispiel: **Die Teilermenge besteht aus allen Zahlen, durch die man eine Ausgangszahl ohne Rest teilen kann.**
   d) $T_{16} = \{1, 2, 4, 8, 16\}$

Das Vielfache

So kann ich es sagen:

Man kann von jeder natürlichen Zahl die **Vielfachenmenge** bestimmen.

Beispiel: Die Vielfachenmenge von 7 kürzt man mit V_7 ab. Wenn ich 7 mit einer natürlichen Zahl multipliziere (z. B. 1 oder 2 oder 3 ...), dann nennt man die Zahlen, die man erhält (7, 14, 21, ...), **Vielfache von 7**.

Schreibt man alle Vielfachen in einer Mengenklammer auf, so ist das die **Vielfachenmenge**.

Die Punkte am Ende der Klammer bedeuten, dass es **unendlich** viele Vielfache einer Zahl gibt.

Melanie Bettner: Mathematikunterricht ohne sprachliche Hürden 5/6

Aufgabenseite:

1.

unendlich	Multipliziere die Zahl, von der die Vielfachenmenge bestimmt werden soll, mit einer natürlichen Zahl – und du erhältst ...	{...}
das Vielfache	Sie erhältst du, wenn du alle Vielfachen der Größe nach in eine Mengenklammer schreibst.	4 · 3 = 12 12 ist ein Vielfaches von 4.
die Vielfachenmenge	Der Begriff bedeutet, dass es unbegrenzt viele Zahlen gibt.	{4, 8, 12, 16, 20, ...}

2. Hier sind viele Antworten möglich. Beispiel: **172 ist kein Vielfaches von 16. Cedric hat also nicht jeden Monat 16 Euro in sein Sparschwein gesteckt.**

3. Hier sind viele Antworten möglich. Beispiel:
   Frage: **Wie viele Eintrittskarten wurden heute für den Zirkus verkauft?**
   Rechnung: **1326 € : 13 € = 102**
   Antwort: **Heute wurden 102 Eintrittskarten verkauft.**

Die Potenz
S. 40 / 41

So kann ich es sagen:

4^3 ist eine **Potenz**.

Die Zahl, die mehrmals mit sich selbst multipliziert wird (4), nennt man **Grundzahl** oder **Basis**.

Die Zahl, die angibt, wie oft multipliziert wird $(^3)$, nennt man **Hochzahl** oder **Exponent**.

4^3 bedeutet: Ich multipliziere die **Grundzahl/Basis** (4) so oft mit sich selbst, wie es der **Exponent** $(^3)$ angibt. Die Rechnung lautet also: **4 · 4 · 4**.

Das Ergebnis nennt man **Wert der Potenz/Potenzwert**.

4^3 wird gelesen: **vier hoch drei.**

Aufgabenseite:

1.

Zu mir sagt man **Hochzahl** oder **Exponent**.

Ich bin der **Wert der Potenz/Potenzwert**.

Man nennt mich **Grundzahl** oder **Basis**.

$$5^3 = 125$$

2. a) $7^2 = 7 \cdot 7 = 49$

   b) • Die Basis ist eine **7**.
   • Der Exponent ist eine **2**.
   • Ich **multipliziere** die Basis **2-mal**
     mit sich selbst.
   • Ich rechne also **7 · 7**.
   • Die Potenz von 7^2 ist **49**.

   c) $6^3 = 6 \cdot 6 \cdot 6 = 216$
   Die Basis ist eine 6.
   Der Exponent ist eine 3.
   Ich multipliziere die Basis 3-mal mit sich selbst.
   Ich rechne also 6 · 6 · 6.
   Die Potenz von 6^3 ist 216.

3. a) $1^1 = 1$ $1^2 = 1$ $1^3 = 1$ $1^4 = 1$ $1^5 = 1$
   $1^6 = 1$ $1^7 = 1$ $1^8 = 1$ $1^9 = 1$ $1^{10} = 1$

   b) Wenn **die Basis eine 1 ist, ist der Wert der Potenz immer 1, egal, wie groß der Exponent ist.**

Das Koordinatensystem   S. 42 / 43

So kann ich es sagen:

Um die Lage eines Punktes genau festlegen zu können, hilft uns das
Koordinatensystem.

Der waagrechte Zahlenstrahl heißt **x-Achse**.

Der senkrechte Zahlenstrahl heißt **y-Achse**.

Die Lage des Punktes C wird durch seine **Koordinaten** (6|4)
genau angegeben.

Bei der Koordinate (6|4) nennt man die 6 den **x-Wert**.

Bei der Koordinate (6|4) nennt man die 4 den **y-Wert** .

C(6|4) bedeutet: Ich gehe vom Punkt (0|0) aus 6 Einheiten nach **rechts**,
dann 4 Einheiten nach **oben**.

Aufgabenseite:

1. a), b)

Fachbegriff	Erklärung	Beispiel
die x-Achse	**der waagrechte Zahlenstrahl**	
die y-Achse	**der senkrechte Zahlenstrahl**	
die Koordinaten	**Dieses Zahlenpaar gibt die Lage eines Punktes an.**	P(**2**|**1**)
der x-Wert	**die erste Zahl des Zahlenpaars**	P(**2**|**1**)
der y-Wert	**die zweite Zahl des Zahlenpaars**	P(**2**|**1**)

2. a) Punkt A: Ich gehe vom Punkt (0|0) aus 1 Einheit nach **rechts**, dann 3 Einheiten nach **oben**.
   Punkt B: Ich gehe vom Punkt **(0|0) aus 3 Einheiten nach rechts, dann 4 Einheiten nach oben**.
   Punkt C: **Ich gehe vom Punkt (0|0) aus 3 Einheiten nach rechts, dann 1 Einheit nach oben**.

   b) D (2|0): Ich gehe vom Punkt (0|0) aus **2** Einheiten nach **rechts**, dann **0** Einheiten nach **oben**.
   E (1|2): Ich **gehe vom Punkt (0|0) aus 1 Einheit nach rechts, dann 2 Einheiten nach oben**.

   c) Punkt A hat die Koordinaten 1|3.   Man schreibt A (1|3).
   Punkt B hat **die Koordinaten 3|4**.   Man schreibt **B (3|4)**.
   Punkt C **hat die Koordinaten 3|1**.   **Man schreibt C (3|1)**.

Die Strecke / Die Gerade / Die Halbgerade   S. 44 / 45

So kann ich es sagen:

Eine gerade Linie, die durch 2 Punkte begrenzt wird, nennt man **Strecke**.
Sie hat einen **Anfangspunkt** und einen **Endpunkt**.
Man schreibt: $\overline{AB}$. Man spricht: „**die Strecke AB**".

Eine Gerade geht durch 2 **Punkte**. Sie hat keinen **Anfangspunkt**
und keinen **Endpunkt**.
Sie ist also **unendlich** lang.
Man schreibt: EF. Man spricht: „**die Gerade g durch die Punkte E und F**".

Eine Halbgerade hat einen **Anfangspunkt**, aber keinen **Endpunkt**.
Sie ist also auch **unendlich** lang.

Der gemeinsame Punkt, in dem sich die Strecke c, die Halbgerade b und die Gerade g
schneiden, nennt man **Schnittpunkt**.

Aufgabenseite:

1. a) Zeichnung 1:   Zeichnung 2:

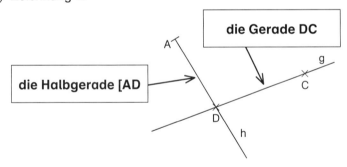 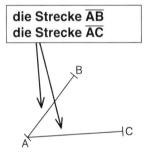

   b) Zeichnung 1:
   Gegeben sind die **Gerade** g und die **Halbgerade** h.
   Sie **schneiden** sich im Punkt D. Der Punkt D heißt
   Schnittpunkt.
   Die **Punkte** D und C liegen auf der Geraden g.
   Die **Halbgerade** h hat den **Anfangspunkt** A
   und geht durch den Punkt D hindurch **unendlich** weiter.

   Zeichnung 2:
   Gegeben sind 2 **Strecken**.
   Beide Strecken haben einen **Anfangspunkt** und
   einen **Endpunkt**.
   Die Strecken werden bezeichnet mit $\overline{AB}$ und $\overline{AC}$.

2. Gegeben sind **2 Geraden a und b. Sie schneiden sich in einem Schnittpunkt.**
   Der Punkt Q liegt auf der Geraden b.
   Der Punkt R liegt auf der Geraden a.
   Der Punkt S liegt weder auf der Geraden a noch auf der Geraden b.

So kann ich es sagen:

Die Gerade h ist die **Senkrechte** zur Geraden g. Man kann auch
sagen: h steht **senkrecht** zu g.

Senkrecht bedeutet: Die beiden Geraden bilden einen **rechten Winkel**.

Ein **rechter Winkel** wird mit einem Bogen und einem Punkt gezeichnet.

Man schreibt: **h ⊥ g**. Das bedeutet: Die Gerade h ist
senkrecht zur Geraden g.

Aufgabenseite:

1. a), b)

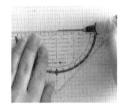 **1. Ich zeichne eine Gerade.**

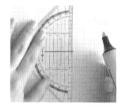 **2. Ich lege das Geodreieck
wie abgebildet auf die
Gerade.**

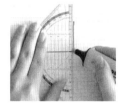 **3. Ich zeichne eine zweite
Gerade. So entsteht ein
rechter Winkel.**

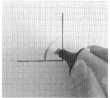 **4. Ich kennzeichne den rech-
ten Winkel mit einem Bogen
und einem Punkt.**

2. a), b)

senkrecht

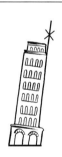
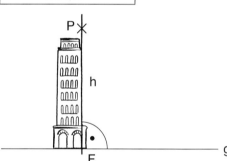

c) Die Geraden g und h schneiden sich rechtwinklig in einem Punkt F.

So kann ich es sagen:

Die Geraden a und b haben überall den gleichen **Abstand** zueinander.
Sie haben keinen Schnittpunkt. Sie sind **parallel**.

Man schreibt: **a ∥ b** und man spricht: „**a ist parallel zu b**".
c ∦ d heißt: c ist **nicht parallel** zu d.

Man zeichnet Parallelen mit den **Hilfslinien** des Geodreiecks.

Aufgabenseite:

1. Wenn 2 Geraden **einen Schnittpunkt haben, sind sie nicht parallel.**
   Wenn 2 Geraden keinen Schnittpunkt haben, sind sie parallel.

Melanie Bettner: Mathematikunterricht ohne sprachliche Hürden 5/6

2. a) **Die Zeichnung C wird beschrieben.**
   b) **Zeichnung A: Die Gerade g ist parallel zur Geraden h. h verläuft durch den Punkt P.**
      Zeichnung B: Die Gerade h ist nicht parallel zur Geraden g, die durch den Punkt P verläuft. g und h werden sich im weiteren Verlauf schneiden (nicht eingezeichnet).

3. ☐ 2 Geraden, die unterschiedliche Abstände zueinander haben, nennt man parallel.
   ☒ 2 Geraden, die überall denselben Abstand haben, nennt man parallel.
   ☒ 2 Geraden, die keinen Schnittpunkt haben, sind parallel.
   ☐ 2 Geraden, die einen Schnittpunkt haben, sind parallel.

Die Achsensymmetrie   S. 50 / 51

So kann ich es sagen:

Wenn man eine Figur entlang einer Linie faltet und beide Hälften genau aufeinander
passen, sind die Hälften **deckungsgleich**.
Die Figur ist **achsensymmetrisch**.

Die Linie, an der etwas gespiegelt wird, nennt man **Symmetrieachse**
oder **Spiegelachse**.

A und A' haben den gleichen **Abstand** zur Achse.

A' heißt dann **Symmetriepartner** von A.

Die Verbindungslinie zwischen den beiden Punkten A und A' verläuft
senkrecht zur Symmetrieachse.

Aufgabenseite:

1. a)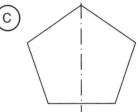

   b) **Bei den Figuren A und B kann man keine Symmetrieachse zeichnen.**
      Wenn man die Figuren A und B entlang einer Linie faltet, passen sie nicht genau aufeinander.

2. a) ☐ Sophie sagt: „Ich habe meine Figur in der Mitte gefaltet. Die beiden Hälften passten nicht genau
              aufeinander."
      ☒ Jonas sagt: „Ich habe meine Figur in der Mitte gefaltet. Dann lagen 2 deckungsgleiche Hälften
              aufeinander."
      ☒ Emir sagt: „Ich habe meine Figur in der Mitte gefaltet. Alle an der Symmetrieachse gespiegel-
              ten Punkte hatten den gleichen Abstand zur Achse."

   b) **Jonas hat eine achsensymmetrische Figur gezeichnet, weil 2 deckungsgleiche Hälften aufeinan-**
      der lagen.
      Emir hat eine achsensymmetrische Figur gezeichnet. Die an der Symmetrieachse gespiegelten
      Punkte haben den gleichen Abstand zur Achse.

3. a) **Der Symmetriepartner von D ist C.**
   b) **A und B haben denselben Abstand zur Symmetrieachse.**

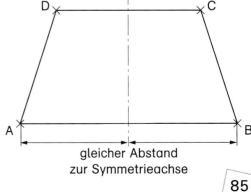

So kann ich es sagen:

Die abgebildeten geometrischen Körper heißen **Quader** und
Zylinder.

Ein geometrischer Körper besteht aus **Flächen**.

Die Stelle, an denen Flächen aneinanderstoßen, nennt man **Kante**.

Die Stelle, an denen mehrere Kanten zusammenstoßen, nennt man **Ecke**.

Jeder Körper besitzt andere Eigenschaften, zum Beispiel die Form und Anzahl der
Flächen, die Anzahl der Kanten und Ecken, ...

Außer den abgebildeten Körpern gibt es noch andere geometrische Körper, nämlich
Würfel, Prisma, Pyramide, Kegel, Kugel, ...

Aufgabenseite:

1./ 2.

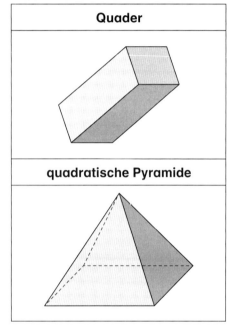

Quader

Der **Quader** hat 6 Flächen,
12 Kanten und **8** Ecken.
Alle 6 Seitenflächen sind **rechteckig**.
Gegenüberliegende Flächen sind **gleich groß**.
Gegenüberliegende Kanten sind **gleich lang**.

quadratische Pyramide

**Die quadratische Pyramide hat 4 Flächen,
8 Kanten und 5 Ecken.
4 Seitenflächen sind dreieckig und gleich groß.
Die Grundfläche ist quadratisch.
Gegenüberliegende Kanten sind gleich lang.**

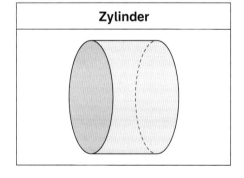

Zylinder

**Der Zylinder hat keine Ecken, 2 Kanten und 3 Flächen.
Die Grundfläche und die Deckfläche haben die Form eines
Kreises.
Sie sind parallel und gleich groß.
Die Mantelfläche ist ausgebreitet ein Rechteck.**

Der Quader und der Würfel | S. 54 / 55

So kann ich es sagen:

Die abgebildeten Körper nennt man **Quader** und **Würfel**.

Beide Körper haben 12 **Kanten**, 8 **Ecken** und 6 **Flächen**.

2 aufeinanderstoßende Flächen bilden eine **Kante**.

Melanie Bettner: Mathematikunterricht ohne sprachliche Hürden 5/6

Lösungen

3 aufeinanderstoßende Kanten bilden eine **Ecke**.

Die 6 Flächen des Quaders sind **rechteckig**. Je 2 gegenüberliegende Flächen sind gleich **groß**.

Die 6 Flächen des Würfels sind **quadratisch**. Alle Flächen sind gleich **groß**.

Gegenüberliegende Flächen sind **parallel** zueinander.

Aufgabenseite:

1.   **der Quader**   **der Würfel**

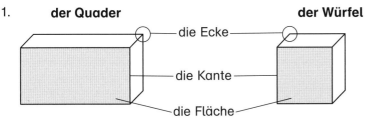

2. a) Quader und Würfel haben jeweils **8** Ecken, **12** Kanten und **6** Flächen.
    Nachbarkanten stehen **senkrecht** zueinander.
    Gegenüberliegende Kanten sind **parallel** zueinander.
    Gegenüberliegende **Flächen** sind gleich groß.
    Gegenüberliegende Flächen sind **parallel** zueinander.

    b) **Quader:**   **Würfel:**
    Jeweils **4** Kanten sind gleich lang.   **Alle** Kanten sind gleich lang.
    Er wird von jeweils 6 **Rechtecken**   Er wird von 6 **Quadraten** begrenzt.
    begrenzt.

3. **Nein, weil nicht alle Kanten gleich lang sind und weil die Flächen nicht quadratisch sind.**

Das Schrägbild	*S. 56 / 57*

So kann ich es sagen:

Um einen Quader oder einen Würfel auf Papier darzustellen, zeichnet man ein **Schrägbild**.

Für Schrägbilder gilt:

1. Zuerst zeichnet man die **vordere Fläche** mit den richtigen Maßen:
    Länge 4 cm, Höhe 2 cm.

2. Dann zeichnet man die Kanten, die **schräg** nach hinten verlaufen. Die gegebene Länge 3 cm wird dabei um die **Hälfte** verkürzt. Ich zeichne **1,5 cm** nach schräg hinten. Der Winkel beträgt 45°.
    Die Kanten, die man nicht sehen kann, nennt man **verdeckte Kanten**. Man zeichnet sie **gestrichelt**.

3. Am Schluss zeichnet man die **hintere** Fläche.

Aufgabenseite:

1.

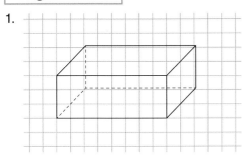

1. Schritt:
Zuerst zeichne ich **die vordere Fläche mit den richtigen Maßen**.

2. Schritt:
Dann **zeichne ich die im 45°-Winkel schräg nach hinten verlaufenden Kanten. Sie werden nur halb so lang dargestellt.
Verdeckte Kanten zeichne ich mit gestrichelten Linien.**

3. Schritt:
Am Schluss **zeichne ich die hintere Fläche.**

2. a)

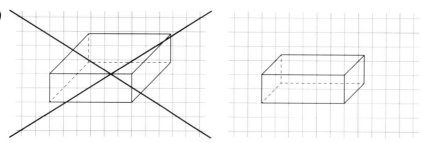

b) **Die schräg nach hinten gezeichneten Kanten müssen um die Hälfte verkürzt sein.**

Der Kreis   *S. 58 / 59*

So kann ich es sagen:

Die von der Kreislinie eingeschlossene Fläche heißt **Kreisfläche**.

Der Punkt M ist der **Mittelpunkt** des Kreises.

Den Abstand zwischen einem beliebigen Punkt (z. B. Punkt P) auf der Kreislinie und dem Mittelpunkt des Kreises nennt man **Radius** (r).
Die Strecke, die durch den Mittelpunkt geht und 2 Kreispunkte verbindet, nennt man **Durchmesser** (d).

Der Durchmesser ist doppelt **so lang** wie der Radius.

Den Durchmesser zu berechnen bedeutet also: Ich multipliziere den **Radius** (2,5 cm) mit 2.

Aufgabenseite:

1.

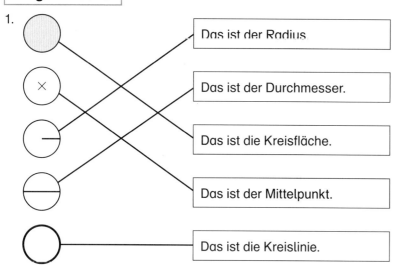

2. Alle Punkte, die auf der Kreislinie liegen, sind vom **Mittelpunkt** gleich weit entfernt.
   Jede Strecke vom Mittelpunkt zu einem Punkt der Kreislinie heißt **Radius**.
   Eine Strecke, die durch den Mittelpunkt geht und 2 Punkte der Kreislinie verbindet, heißt **Durchmesser**.
   Der **Durchmesser** ist doppelt so lang wie der **Radius**.
   Die von der Kreislinie eingeschlossene Fläche heißt **Kreisfläche**.

3. d = 4 cm

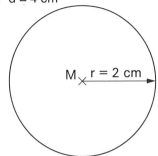

M r = 2 cm

Mögliche Lösungsbeschreibung:

1. Ich habe mithilfe des Lineals den Radius von 2 cm am Zirkel eingestellt.
2. Ich habe den Zirkel bei M eingestochen.
3. Ich habe einen Kreis um M gezogen.

Der Kreis hat einen Durchmesser von d = 4 cm.

Der Scheitel und die Schenkel   S. 60 / 61

So kann ich es sagen:

Die beiden Halbgeraden schließen den **Winkel** α ein.

Der gemeinsame Anfangspunkt der beiden Halbgeraden heißt **Scheitelpunkt** oder kurz gesprochen **Scheitel**.

Die beiden Halbgeraden, die vom Scheitelpunkt aus starten, werden **Schenkel** des Winkels genannt.

In der Zeichnung heißt der **Scheitelpunkt** S und die **Schenkel** g und h.

Aufgabenseite:

1.

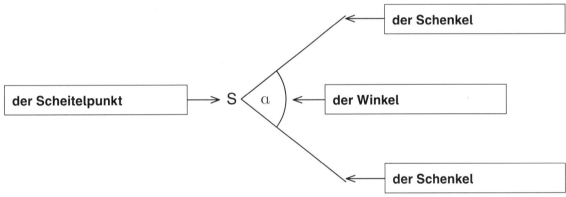

der Scheitelpunkt	→ S < α	← der Schenkel
		← der Winkel
		← der Schenkel

2. a) **Die beiden Halbgeraden, die einen Winkel bilden, nennt man Schenkel.**
    b) **Den gemeinsamen Anfangspunkt der beiden Schenkel, die einen Winkel bilden, nennt man Scheitelpunkt.**

3. a), b)

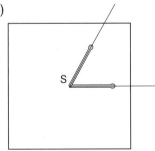

    b) **Die Größe des Winkels bleibt gleich.**

So kann ich es sagen:

2 Schenkel h und g mit dem gemeinsamen Anfangspunkt S schließen den
Winkel α ein.

Es gibt 2 Möglichkeiten, wie der Winkel α durch Drehung der Schenkel entsteht:
1. Winkel α entsteht, wenn man den Schenkel **g** gegen den Uhrzeigersinn (links-
   herum) um seinen Scheitelpunkt S bis zum Schenkel **h** dreht.
2. Winkel α entsteht, wenn man den Schenkel **h** im Uhrzeigersinn (rechtsherum)
   um seinen Scheitelpunkt S bis zum Schenkel **g** dreht.
   Den Bogen, durch den ein Winkel gekennzeichnet wird, nennt man
   Kreisbogen oder **Winkelbogen**.
   Winkel werden mit **griechischen** Buchstaben bezeichnet. Sie werden
   folgendermaßen gesprochen:
   α = **Alpha**, β = **Beta**, γ = **Gamma**, δ = **Delta**, ε = **Epsilon**.

Aufgabenseite:

1. a), b), c)

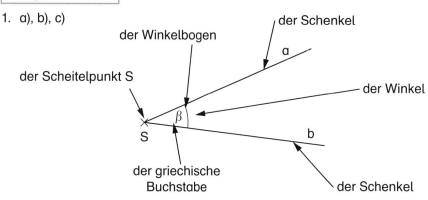

d) **Der Winkel β entsteht, wenn man den Schenkel a im Uhrzeigersinn um den
   Scheitelpunkt S bis zum Schenkel b dreht.**

   **Der Winkel β entsteht, wenn man den Schenkel b gegen den Uhrzeigersinn um den Scheitelpunkt
   S bis zum Schenkel a dreht.**

So kann ich es sagen:

Es gibt 6 **Winkelarten.** Sie hängen von der Größe des Winkels ab.

Name	Winkelgröße
spitzer Winkel	**kleiner als 90°**
rechter Winkel	**genau 90°**
stumpfer Winkel	**zwischen 90° und 180°**
gestreckter Winkel	**genau 180°**
überstumpfer Winkel	**zwischen 180° und 360°**
Vollwinkel	**genau 360°**

1. a), b)

Winkelarten	Beschreibung
der spitze Winkel	**Ein spitzer Winkel ist kleiner als ein stumpfer Winkel.**
der rechte Winkel	**Beim rechten Winkel stehen 2 Schenkel senkrecht aufeinander.**
der stumpfe Winkel	**Ein stumpfer Winkel ist größer als ein rechter Winkel.**
der gestreckte Winkel	**Beim gestreckten Winkel bilden 2 Schenkel eine Gerade.**
der überstumpfe Winkel	**Ein überstumpfer Winkel ist größer als ein gestreckter Winkel und kleiner als ein Vollwinkel.**
der Vollwinkel	**Beim Vollwinkel fallen 2 Schenkel zusammen.**

So kann ich es sagen:

Mit dem **Geodreieck** kann man Winkel messen.

Das Geodreieck besitzt eine **innere** und eine **äußere** Winkelskala, jeweils von 0° bis 180°.

Auf der inneren und äußeren Skala kann man die **Winkelgröße** ablesen.

Die Winkelgröße wird in **Grad** (°) angegeben.

Einen Winkel messen bedeutet:

1. Ich lege den Nullpunkt des Geodreiecks exakt an den **Scheitelpunkt des Winkels** α an.

2. Die innere oder äußere Winkelskala **auswählen**.

3. Jetzt kann ich die **Winkelgröße ablesen**.

Aufgabenseite:

1. a) Das Geodreieck exakt **anlegen**:
      Ich lege den **Nullpunkt** des Geodreiecks an den **Scheitelpunkt** des Winkels an.
   b) Die Winkelskala **auswählen**:
      Ich schaue, ob ich den Winkel von der **inneren** oder von der **äußeren** Skala ablese.
      Die Skala, die an dem Schenkel bei **null** beginnt, ist die richtige. Links im Bild muss ich also die **innere** Skala betrachten.
   c) Die Winkelgröße **ablesen**:
      Ich lese die **Winkelgröße** auf der Skala ab und notiere sie.
      Der Winkel α hat die Größe **35°**.

2. Hier sind viele Lösungen möglich. Beispiel:
   1. **Ich lege den Nullpunkt des Geodreiecks an den Scheitelpunkt S des Winkels an.**
   2. **Ich wähle die Skala, die bei dem ausgewählten Schenkel bei 0° beginnt. Hier muss ich also die innere Skala betrachten.**
   3. **Ich lese die Winkelgröße auf der Skala ab: Der Winkel hat die Größe ... Grad.**